Agenda 2030- La Grande Réinitialisation Exposée !

Notre Liberté en Danger ?
Les plans du NWO & WEF pour 2022-2023

Hyperinflation - Pénurie de nourriture - Pénurie de Carburant

Rebel Press Media

Avis de non-responsabilité

La décarbonisation ?

Décarbonisation = dépeuplement. Éliminer le CO2 signifie éliminer la race humaine" - La période 2022 - 2024 sera cruciale pour nous tous.

Le CO2 est la "molécule de la vie" dans notre atmosphère. Sans le CO2, la vie actuelle sur notre planète ne serait pas possible. En dépit de toute la propagande climatique, le niveau de CO2 dans notre atmosphère est toujours historiquement bas (450-500 ppm), et n'est pas loin de la limite inférieure dangereuse de 300 ppm. En dessous de ce niveau, tout ce qui vit sur cette planète commence à mourir. Quelle bonne idée de l'Occident de ne pas se contenter de réduire considérablement les émissions de CO2, mais aussi de le retirer de l'atmosphère. Aux États-Unis, un grand projet a été lancé pour faire exactement cela. Cette idée est tellement absurde et dangereuse qu'elle est plus ou moins comparable au scénario de films de science-fiction bien connus dans lesquels une race extraterrestre agressive "terraforme" la Terre en une autre atmosphère, hostile à notre égard, afin qu'elle convienne à sa forme de vie.

Expropriation des agriculteurs = attaque contre l'approvisionnement alimentaire

Dans le droit fil de l'Agenda 2030, aux États-Unis, un grand nombre d'agriculteurs (directement ou indirectement grâce aux milliards de Bill Gates) sont rachetés de force et donc expropriés (un processus qui a également débuté aux Pays-Bas, le Parlement ayant donné son accord cette année), après quoi leurs terres confisquées seront partiellement retirées de l'arsenal agricole. L'objectif est de céder le contrôle total de l'approvisionnement alimentaire, qui sera bientôt fortement limité, au gouvernement mondial communiste de la "Grande Réinitialisation", qui fonctionne déjà, bien qu'un certain nombre de pays (comme la Russie) refusent obstinément de se soumettre.

Le projet "Heartland Greenway" dans l'Iowa est évidemment présenté comme "vert" et prétendument bénéfique pour "le climat" et "la communauté", mais comme c'est le cas aujourd'hui avec presque tout ce que l'élite occidentale fait passer - pensez notamment aux injections de thérapie génique Covid - c'est en réalité le contraire qui est réalisé.

Une fois que l'infrastructure du projet sera opérationnelle, l'équivalent des émissions de CO2 de 3,2 millions de voitures ou de trois fois la ville de Des Moines sera aspiré de l'atmosphère et stocké sous terre. À l'échelle des États-Unis, ce n'est pas encore beaucoup, mais en cas de succès, de nombreuses autres centrales de ce type sont envisagées.

Le CO2 sert à nourrir les plantes et les cultures, et donc à nous nourrir.

Toute personne ayant terminé l'école primaire sait que la photosynthèse des plantes et des cultures dépend du soleil, de l'eau et du CO2. Les serres du Westland sont remplies de CO2 pour que les cultures poussent plus vite et plus gros. Cela a fait de notre petit pays l'un des plus grands exportateurs de nourriture au monde.

Les humains et les animaux, constitués de carbone, "consomment" ce CO2 après qu'il a été transformé par les cultures en protéines et en molécules dont nous avons grand besoin. Dans un passé lointain, lorsqu'il y avait des milliers de ppm de CO2 dans l'atmosphère, notre planète était un grand jardin vert avec d'immenses forêts tropicales là où il y a aujourd'hui des déserts. Avec encore moins de CO2 - essentiellement la "molécule de Dieu" dans notre atmosphère - notre planète deviendra encore plus froide et plus sèche, les cultures seront détruites en masse et des famines sans précédent éclateront.

Ceux-ci, comme vous le savez, arrivent de toute façon à partir de l'année prochaine, et cela aussi est le résultat direct des politiques climatiques des mondialistes occidentaux. Depuis des années, il y a une guerre contre le gaz naturel, qui a maintenant partiellement effondré la production d'engrais - dont dépend l'alimentation de près de 4 milliards de personnes.

Éliminer le CO2 = éliminer l'humanité

Si l'on veut supprimer tout le CO2 de l'atmosphère - comme Bill Gates l'a ouvertement suggéré à plusieurs reprises, notamment dans l'un de ses tristement célèbres "Ted Talks" d'il y a plusieurs années -, la Terre deviendra plus ou moins une sorte de seconde Mars et sera donc totalement inadaptée et inhabitable pour la vie humaine. L'élimination du CO2 de l'atmosphère ne revient donc à rien d'autre qu'à un "génocide à l'échelle planétaire", selon Mike Adams (Natural News).

La guerre contre le carbone (/CO2) est une guerre contre la vie. Contre nous. Décarbonisation = dépopulation. Éliminer le CO2 signifie éliminer la race humaine.

Une fois que le projet dans l'Iowa sera considéré comme un succès, ces usines seront construites partout. Le CO2 sera aspiré de notre atmosphère, ce qui provoquera le flétrissement et la mort des plantes et des cultures. La civilisation humaine sera détruite. S'il reste un peu de CO2, un demi-milliard de personnes pourront peut-être rester en vie, comme indiqué sur les "Georgia Guidestones" (1,5 milliard au maximum selon l'Agenda 2030).

Table des matières

Pandémie de l'OMS ?

Gates reconnaît avec regret que les injections actuelles de Covid "ne peuvent pas prévenir les infections" - L'armée de l'air américaine perd un "jeu de guerre" dans lequel la Chine envahit le pays sous couvert d'une attaque biologique.

Bill Gates a "demandé" (= instruit) l'Occident de mettre des dizaines de milliards dans les préparatifs (lett. "Germ Games") pour la prochaine pandémie, qui, selon lui, pourrait survenir après "l'attaque bioterroriste" annoncée par lui-même en 2020. Dans une interview récente, Gates a suggéré que cette attaque (probablement sous faux drapeau) provoquera une pandémie avec le virus mortel de la variole. C'est pourquoi, selon lui, un milliard par an est nécessaire pour une task force spéciale de l'OMS sur les pandémies, et pourquoi il préconise un "patch" (sans doute obligatoire) sur votre bras qui faciliterait grandement les réinjections constantes. Ce "patch" pourrait également servir de signe visible que vous obéissez à tout ce que le système exige de vous.

Gates annonce à nouveau la prochaine pandémie

Bill Gates demande à l'OMS d'organiser des "Germ Games" pour prévenir une nouvelle pandémie", rapporte Tech Times le 4 novembre. Cette prochaine pandémie, selon Gates, pourrait être "pire" que Covid-19 (ce qui n'est pas si difficile, puisqu'il a été démontré que cette maladie est comparable en tous points à une

grippe saisonnière ordinaire. Entre-temps, même le CDA
d'Hugo de Jonge l'a admis). S'il ne s'agit pas du virus de
Marburg qu'il a mentionné précédemment - pour lequel
les "vaccins" seraient déjà prêts - la prochaine
p(l)andémie pourrait consister en un retour d'une
variante mortelle de la variole.

La p(l)andémie de Covid devrait obliger l'humanité à
investir des milliards de dollars supplémentaires dans
des tests, des "vaccins" et d'autres traitements contre
les virus, a déclaré M. Gates. Il a reconnu que les
injections actuelles de Covid ne peuvent pas prévenir
les infections, mais qu'elles "vous aident à rester en
bonne santé". (A quoi ressemble cette "aide" pour votre
santé dans la réalité ? Jusqu'à la mi-octobre, environ 50
000 décès officiels dus aux vaccins et 1,5 million de
personnes ayant subi de graves dommages à la santé à
long terme ou permanents, rien qu'en Occident, des
chiffres qui, selon les analyses statistiques, devraient
être multipliés par au moins 9 à 10).

Gates a annoncé lors de son "Ted Talk" en 2015 une
prochaine pandémie mondiale, qui est finalement
devenue une réalité en 2020. C'est pourquoi il souhaite
qu'un milliard par an soit donné à une Task Force
pandémie de l'OMS (largement financée et contrôlée
par lui) pour organiser des " Germ Games " afin que le
monde soit préparé à la prochaine pandémie à venir. Si
cette pandémie ne vous convainc pas, la prochaine le
fera", a déclaré l'ancien cadre supérieur de Microsoft en
souriant lors d'une interview télévisée l'année dernière,
pendant la première phase de la crise corona.

Que se passe-t-il si un bioterroriste libère la variole dans 10 aéroports ?

Que se passe-t-il si un bioterroriste libère la variole dans 10 aéroports ? En posant cette question au cours de la récente interview de Policy Exchange, Gates tente ouvertement de susciter de nouvelles peurs afin non seulement de soutirer des milliards supplémentaires pour "vacciner" encore et encore l'ensemble de la population mondiale, mais aussi de trouver un argument supplémentaire pour confier encore plus de pouvoir à la Task Force spéciale pandémie des Nations unies et de l'OMS (et donc à lui).

Dans ce contexte, est-ce une simple coïncidence que la Biomedical Advanced Research and Development Authority (BARDA) américaine ait alloué 112,5 millions de dollars en septembre pour un traitement oral contre la variole ? Rappelons que le gouvernement américain et le Johns Hopkins Center ont réalisé une simulation "Dark Winter" autour d'une attaque biologique avec le virus mortel de la variole en juin 2001. Une récente simulation de jeu de guerre (début 2021) portant sur une attaque biologique chinoise fictive, qui précéderait une invasion réelle, ne s'est pas bien terminée pour les États-Unis.

Le BARDA, quant à lui, collabore également avec BD (Becton Dickinson) au développement d'un test capable de distinguer le Covid-19, la grippe et les autres coronavirus. Comme le test PCR, très controversé, ne peut pas le faire, il a été interdit aux États-Unis à partir du 1er janvier 2022. Néanmoins, ce test PCR est toujours utilisé aux Pays-Bas pour signaler de prétendues "infections", ce qui est un exercice tout aussi inutile et trompeur. Pour le même montant, la quasi-totalité de ces patients dits "corona" ont tout simplement la grippe.

Patch de vaccination sur votre bras

Au cours de l'interview, Gates suggère que les "vaccins" peuvent également être utilisés pour éradiquer la grippe et même le rhume. Nous fabriquons des vaccins qui ne sont qu'un petit patch que vous mettez sur votre bras, des choses qui sont incroyablement utiles même les années où nous n'avons pas de pandémies". Je l'ai souligné, pour insister sur la permanence prévue d'un tel "patch de vaccin" sur votre bras, même s'il n'y avait plus de virus (scientifiquement une impossibilité absolue de toute façon, et même une condition hautement indésirable en raison de l'affaiblissement sévère du système immunitaire humain).

Il est tout à fait concevable que de nouveaux "patchs" continuent d'apparaître et que (par l'intermédiaire d'un tel patch / patch de vaccin) un tatouage à base de points quantiques, déjà développé technologiquement, soit injecté juste sous votre peau, créant un "signe" permanent qui transmettra par nanotechnologie "en direct" votre statut vaccinal. Cette marque sera visible de l'extérieur grâce à un scanner infrarouge utilisant une enzyme luciférase, également injectée.

Presque avec désinvolture, Gates lie littéralement
l'agenda de la vaccination à l'agenda climatique, un lien
que j'ai souligné à de nombreuses reprises depuis le
printemps 2020 en qualifiant les événements entourant
la pandémie corona/Covid de " coup d'État d'une secte
mondialiste de vaccination climatique ". En réalité, il
s'agit d'un seul et même agenda qui doit conduire à un
gouvernement mondial communiste - de facto déjà
fonctionnel - qui sera dirigé par des globalistes comme
Bill Gates et Klaus Schwab.

**Ce "patch" s'inscrit également parfaitement dans la
construction du redoutable "signe de la Bête".**

Je n'aurai pas besoin d'expliquer à nouveau que le "
patch " de Gates s'inscrit parfaitement dans le système
mondial de " la Bête " qui est en train de se mettre en
place depuis 2020 comme annoncé dans le livre
biblique de l'Apocalypse.

Le redoutable "signe de la Bête" a été injecté dans
l'humanité petit à petit depuis la fin de l'année dernière,
les deux premières injections étant une sorte de base
de test "MSDOS" pour le futur "système d'exploitation"
5G/6G/nanotechnologique auquel tout le monde sera
obligatoirement relié.

À mesure que les injections et les rappels se multiplient
(l'Union européenne a déjà commandé six rappels pour
chaque citoyen), le "point de non-retour" se rapproche
de plus en plus. Pour les vaxxers, le refus sera bientôt

pratiquement impossible. Les non-vaccinés - comme le prédisent également les Révélations - pourraient finalement avoir à payer le prix fort pour leur refus.

Selon le journaliste d'investigation Steve Kirsch, les hôpitaux des États-Unis sont inondés de bébés souffrant de graves problèmes cardiaques causés par l'injection à leur mère d'un "vaccin" Covid-19. Et tout comme en Belgique, les unités de soins intensifs en Amérique débordent de personnes malades entièrement vaccinées. La vague de maladies et de décès redoutée par de nombreux scientifiques, experts et analystes critiques à la suite de ce génocide vaccinal semble maintenant vraiment s'installer.

M. Kirsch a reçu un courriel troublant d'un initié concernant un hôpital pour enfants où toutes les USIN (unités de soins intensifs néonatals) sont remplies de nouveau-nés souffrant de graves problèmes cardiaques. Toutes les mères de ces bébés se sont fait "vacciner" complètement contre le Covid. Selon l'auteur du courriel, cette information, qui est très nuisible aux "vaccins", est également supprimée. Cela n'est pas surprenant dans un pays où les travailleurs de la santé sont licenciés s'ils refusent de se faire injecter.

Les médecins et les travailleurs de la santé confirment la pandémie de vax

Le journaliste d'investigation a demandé à des médecins et des infirmières s'ils pouvaient confirmer les affirmations contenues dans l'e-mail. Il a reçu des centaines de réponses. L'une d'entre elles indique que plusieurs documents sont désormais disponibles et confirment que les unités de soins intensifs de nombreux hôpitaux sont "remplies" de patients malades et mourants. Les chambres sont pleines de gens qui ne présentent pas de symptômes de la coqueluche...". La cause probable ? Les effets secondaires du vaccin.

Combien de nouveau-nés seront bientôt parmi eux ? Les médias et la communauté médicale ne vous le diront pas. Cela viendra des gens ordinaires qui en ont marre, et qui ont plus peur du gouvernement que du Covid'.

Un autre a écrit qu'il est désormais "clairement établi" que le nombre d'avortements spontanés a explosé depuis le début des injections. Ma belle-sœur non vaccinée, qui vient d'accoucher, s'était vu dire par son médecin de ne pas prendre de vaccin pendant sa grossesse parce que ses trois dernières patientes avaient toutes fait une fausse couche juste après leur injection".

Dans ce contexte, quelqu'un a montré une vidéo d'un directeur de pompes funèbres (supposé) disant qu'il reçoit maintenant beaucoup plus de bébés morts que d'habitude.

Pfizer et la FDA connaissaient les risques, mais ont quand même approuvé un "vaccin" pour les femmes enceintes.

Un rapport d'approbation officiel de la FDA sur le "vaccin" de Pfizer confirme que les nouveau-nés des femmes vaccinées présentent des taux élevés de protéines de pointe (qui provoquent des caillots sanguins et des thromboses) dans leurs organes. Pfizer l'avait déjà établi elle-même lors de tests sur des souris, et le savait donc d'avance. Pourtant, la même étude a été invoquée pour confirmer la soi-disant "sécurité" de l'injection de Covid pour les femmes enceintes.

Le CDC américain a ensuite recommandé que les femmes enceintes - malgré l'absence presque totale de tests de sécurité solides - soient "vaccinées" contre le Covid. Cette décision a été prise sur la base d'un article paru dans le NEJM (New England Journal of Medicine), mais elle a depuis été rétractée. Cependant, le CDC n'a pas modifié ce conseil, ce qui a eu de lourdes conséquences : En plus des milliers de fausses couches, des bébés maintenant malades et morts à cause du lait maternel contaminé par le vaccin. et étude du New England Journal of Medicine : Les injections de Covid tuent 9 bébés sur 10 au cours du premier trimestre.

Mon petit-fils est né cet été après une grossesse normale et pesait plus de 2,5 kg", a répondu une infirmière officielle. Sa mère a été vaccinée au cours de son troisième mois. Il a passé deux semaines aux soins intensifs pour des 'problèmes respiratoires'. Tous les tests étaient normaux, mais pour une 'raison inconnue', il avait trop peu d'oxygène. J'ai parlé à une infirmière de l'unité de soins intensifs qui m'a dit que cela arrive soudainement et fréquemment cette année, et qu'il y a aussi des cas de bébés avec des lésions cérébrales. Cependant, elle a également déclaré que personne ne fait le lien avec le statut vaccinal de la mère. C'est scandaleux !

Hier, nous avons signalé que les "vaccins" Covid nuisent aussi gravement à la santé d'un nombre sans précédent de jeunes et de sportifs en bonne santé. Un certain nombre d'entre eux n'ont pas survécu à leurs injections.

Tant que de véritables protestations populaires de masse contre ces injections dangereuses de manipulation génétique indirectement mandatées ne se matérialiseront pas, et que presque tout le monde continuera à acquiescer docilement aux nouvelles mesures d'exclusion de l'apartheid, le nombre de victimes - toujours plus jeunes - de ce vaxxicide continuera très probablement à augmenter.

PDG : "Soit les vaccins ne fonctionnent pas, soit, pire, les vaccins eux-mêmes provoquent la Covid".

Kristiaan Deckers, directeur médical du groupe hospitalier anversois GZA, a tiré la sonnette d'alarme car la capacité d'accueil des patients Covid aux soins intensifs (25% du total) est désormais complète. Le profil de nos patients ? Ils sont maintenant tous vaccinés et présentent des infections de rupture. Ce sont des personnes relativement jeunes, entre 55 et 60 ans, dont un certain nombre ont des problèmes immunitaires. Mais ils voient aussi des personnes plus

15

jeunes gravement malades, entre 30 et 55 ans, et la question est donc de savoir si les vaccins sont toujours efficaces".

Je sais que l'on entend parfois d'autres rumeurs", a répondu le Dr Jo Leysen, administrateur de l'AZ de Turnhout. Mais la grande majorité des patients que nous admettons actuellement sont des personnes vaccinées". Le commentateur de l'ATV d'Anvers : "Au fait, pour ceux qui penseraient que les hôpitaux sont remplis de personnes non vaccinées : ce n'est plus vrai.

Soit les vaccins ne fonctionnent pas, soit ils provoquent eux-mêmes la Covid.

D'autres responsables d'hôpitaux belges ont souhaité garder l'anonymat car, comme aux Pays-Bas, rapporter ouvertement les faits et chiffres réels leur vaudra de sévères représailles. Un directeur général a déclaré exactement ce que nous avions suggéré l'année dernière : Soit les vaccins ne fonctionnent pas, soit, pire encore, les vaccins eux-mêmes provoquent le Covid.

Mais si nous sommes cités publiquement, nous perdons notre emploi et notre profession. Il y a presque un esprit de culte dans lequel personne n'est autorisé à dire quoi que ce soit sur les vaccins, même s'ils ne fonctionnent pas ou s'ils sont dangereux pour les gens".

La politique et les médias occidentaux entretiennent le mensonge

En Europe, la politique et les médias continuent de proclamer quotidiennement le mensonge de la "pandémie de non-vaccination" afin de justifier des mesures QR-Apartheid toujours plus strictes destinées à forcer tout le monde à recevoir ces injections de thérapie génique qui ont prouvé qu'elles constituaient une menace pour la vie.

Cependant, la dure réalité ne peut plus être niée : les "vaccins" semblent en fait endommager et affaiblir sérieusement le système immunitaire, ce contre quoi des scientifiques critiques comme le professeur (ém.) d'immunologie expérimentale Pierre Capel ont mis en garde en vain depuis l'année dernière. Si ces dommages ne se réparent pas spontanément, une catastrophe sanitaire d'une ampleur sans précédent s'annonce l'année prochaine, surtout si les injections sont poursuivies et que des rappels sont ajoutés.

Un culte extrêmement dangereux

Comme nos lecteurs le savent, je parle moi-même depuis longtemps d'une secte mondialiste climato-vaccinale qui a pris le pouvoir / forcé l'obéissance de nos pays et gouvernements. Le terme "secte" a été considéré comme exagéré par certains, mais il est maintenant de plus en plus clair pour d'autres que nous avons effectivement affaire à une sorte de religion sectaire extrémiste.

Faussement présentées comme des "vaccins", les injections expérimentales de manipulation génétique et leurs fabricants ont été déclarés, comme s'ils étaient des "dieux" ou des "prophètes", intouchables et sacrés. Toute forme de critique vous vaudra des sanctions d'exclusion de plus en plus sévères, et s'il ne tenait qu'aux fidèles de la secte comme Ab Osterhaus, Hubert Bruls et le radiodiffuseur public NTR, l'expulsion, voire la mort, par exécution ou non.

Vous souvenez-vous des leçons à l'école sur l'Inquisition au Moyen Âge, lorsque les "sorcières" et autres hérétiques étaient persécutés par l'Église catholique romaine, emprisonnés et brûlés sur le bûcher ? Et comment le professeur nous a dit que les temps barbares où les personnes qui s'écartaient de la norme pour une raison quelconque étaient finalement massacrées sont définitivement derrière nous après l'Holocauste ?

La conférence d'élite sur le climat COP26 décide de réduire l'énergie, menaçant de causer des milliards de morts de faim - Seul le pouvoir des chiffres peut arrêter cette guerre contre l'humanité

Outre le caractère abordable de notre approvisionnement en énergie et donc de notre prospérité et de notre bien-être, la guerre idéologique contre les combustibles fossiles que mènent les mondialistes de la "Grande Réinitialisation" / de la vaccination climatique de l'Agenda 2030 provoquera une famine mondiale garantie dès 2022 - 2023, qui tuera au moins des centaines de millions de personnes et rendra la nourriture pratiquement inabordable pour des milliards d'autres. Pourquoi cela est-il si certain ? Parce qu'il y a une énorme pénurie d'engrais, qui ne peuvent être fabriqués qu'à partir de combustibles fossiles. Les dirigeants occidentaux ne se contentent pas de l'ignorer, ils se débarrassent même des "fossiles" à un rythme accéléré.

Le gaz naturel et d'autres combustibles fossiles peuvent être convertis directement en ammoniac (NH_3), qui, combiné au CO_2 ou à l'O_2 (oxygène), peut être utilisé pour produire divers types d'engrais (urée, acide nitrique et nitrate d'ammonium). De la principale réaction chimique (N_2 (azote) + $3H_2$ (hydrogène) = $2NH_3$ (ammoniac)) dépend la production alimentaire d'environ 3,8 milliards de personnes.

L'énergie éolienne et solaire ne peut être utilisée pour la production d'engrais car le gaz naturel (CH4) est irremplaçable et n'est pas produit par des sources "vertes". Par conséquent, la limitation et l'abandon des "fossiles" mettent en danger la survie de la moitié de la population mondiale. En outre, la course mondiale au pétrole, au charbon et à d'autres combustibles fossiles entraîne déjà une forte hausse des prix, ce qui alimente les pénuries et donc une alimentation inabordable.

L'élite de la COP26 décide de la destruction "verte" de la prospérité et du bien-être

La semaine dernière, 40 pays réunis à la conférence sur l'énergie et le climat COP26 ont décidé d'éliminer progressivement le charbon dans les années à venir, ce qui est une recette garantie pour les famines mondiales. L'arrêt du charbon entraînera des pénuries massives d'énergie, alors que nous sommes déjà confrontés à une pénurie de gaz naturel délibérément provoquée, qui non seulement augmentera de façon monstrueuse les factures d'énergie l'année prochaine, mais menacera également d'exposer d'innombrables personnes au froid (vraisemblablement extrême) cet hiver. Des millions de personnes devront littéralement choisir entre "allumer le chauffage aujourd'hui ou préparer le dîner ?

Le gaz naturel a déjà été rendu si cher que "le niveau de prix actuel ne permet plus une production économiquement viable", a averti SKW Piesteritz, le plus grand producteur d'engrais d'Allemagne. Aux États-

Unis, en Grande-Bretagne et en Australie également, la production d'engrais a été partiellement arrêtée parce que le gaz naturel est devenu inabordable en raison de la "transition" vers une société dite "verte" et "durable".

Lire : notre société est délibérément et volontairement mise au vert en rendant la nourriture et l'énergie, et donc la vie elle-même, extrêmement coûteuses. Les pénuries actuelles d'engrais - selon Free West Media, en partie causées par le sabotage (comme un nombre anormalement élevé d'accidents impliquant des trains de marchandises américains) - provoqueront des récoltes catastrophiques dès 2022, déclenchant des famines à grande échelle et des émeutes de la faim.

Des milliards de personnes sont "anéanties" par la faim, le froid, la maladie, la pauvreté, la mort et la guerre.

Ajoutez à cela la crise des chaînes d'approvisionnement mondiales, également orchestrée par les climato-globalistes occidentaux, les pannes d'électricité prévues - des générateurs d'urgence sont déjà installés en préparation, nous a-t-on dit - et les "vaccinations" Covid imposées avec des mesures d'apartheid toujours plus dures, et le résultat final pour la majeure partie de la population mondiale opprimée, y compris les Pays-Bas, est la FAIM, le FROID, la MALADIE, la Pauvreté et la MORT, des choses qui, historiquement, mènent toujours à la GUERRE.

Nous n'insisterons jamais assez sur le fait que tout ceci est manifestement "à dessein", planifié et voulu. Les gouvernements et administrations mondialistes ont lancé l'assaut frontal contre l'humanité en utilisant les pénuries alimentaires, les pénuries d'énergie et les injections de thérapie génique qui détruisent la grossesse et l'immunité. L'élite n'a plus besoin de nous car presque tout peut être automatisé. Cette campagne de dépeuplement génocidaire, qui a été ouvertement comparée à l'Holocauste par l'inventeur de la technologie ARNm du "vaccin" Covid, est vendue aux gens ordinaires comme une "réinitialisation nécessaire" en raison d'une fausse "crise climatique" due au CO2 et d'une "crise sanitaire" due au Covid.

Le prince Charles a littéralement appelé à une "campagne massive de type militaire" lors de la COP26 afin de provoquer une "transition économique fondamentale" (= TOUT le pouvoir et toutes les richesses à un petit club d'élite, les citoyens privés de leurs droits qui pourraient survivre ne possèdent PLUS RIEN). Le Premier ministre britannique Boris Johnson a exhorté les autres dirigeants à "prendre des mesures concernant le charbon, les voitures, l'argent et les arbres", le tout sous le couvert de la théorie de la crise climatique du CO2 anthropique, une "science de pacotille".

Une fois que des milliards d'entre nous auront été "éliminés" par ces méthodes et ces mensonges - l'Agenda-2030 veut laisser un maximum de 1,5 milliard de personnes, les Georgia Guidestones indiquent un nombre souhaité de 500 millions - ces puissantes familles bancaires, milliardaires et maisons royales auront toutes les ressources naturelles et la Terre entière pour elles-mêmes pour les générations à venir. Les esclaves survivants seront branchés de force à un réseau technocratique 5G/A.I., et pourront être contrôlés, abusés et exploités à volonté, et éliminés dès qu'ils ne seront plus nécessaires.

Seule la force du nombre peut arrêter cette guerre contre l'humanité.

En dehors d'une intervention divine surnaturelle attendue par les croyants, la "force du nombre" est la seule chose qui puisse encore arrêter cette troisième guerre mondiale contre la race humaine.

Lorsque des milliards de personnes ordinaires mettront enfin de côté et accepteront leurs différences mutuelles, elles pourront s'unir pour mettre fin une fois pour toutes à la domination séculaire de ces familles maléfiques et de leurs organisations trompeuses (ONU / WEF / UE / FMI / GAVI / Commission trilatérale, Bilderberg, BIS, Fondation Gates, Fondation Rockefeller, etc.), qui ne représentent tout au plus que quelques dizaines de milliers de personnes, mais font de la vie un enfer indescriptible pour les autres.

Cette unanimité des noirs, des bruns, des blancs, des jaunes, des jeunes, des vieux, des musulmans, des chrétiens, des bouddhistes, des juifs, des vaxxers, des non-vaxxés, des gauchistes, des droitiers ou des membres de n'importe quelle lettre de l'alphabet identitaire, est la seule chose que ces démons sadiques en geeks humains craignent, et c'est donc exactement ce qu'ils essaient d'empêcher de toutes leurs forces avec la "diversité" et des choses comme les QR/vax pass.

Allons-nous nous laisser prendre à ces tactiques tape-à-l'œil de "diviser pour mieux régner", ou allons-nous enfin montrer que nous avons tiré les leçons de l'oppression sanglante et des autres tragédies sociales du passé, qui étaient si souvent le résultat de notre confiance aveugle et sans méfiance en des "dirigeants" et des "gouvernements" menteurs ? Notre survie totale pourrait bien en dépendre.

Peut-on l'arrêter ?

L'analyse du Golden Meaning : Indications que la violence à Rotterdam a été délibérément provoquée par des agents provocateurs du gouvernement - Economist Armstrong : "La population mondiale pourrait s'effondrer d'au moins 50% si tout le monde est vacciné" - Les agents de l'OMS/Bill Gates et du WEF/Schwab sont-ils déjà en route pour lâcher le virus de Marburg ou de la variole afin de nous donner le coup de grâce ?

Les images violentes des violentes émeutes de Rotterdam ont fait le tour du monde. Dans de nombreux autres pays, des manifestations de grande ampleur ont également eu lieu contre la tyrannie fasciste vaxpas / lockdown avec laquelle presque tous les gouvernements oppriment leurs populations. La chaîne de l'autoproclamé "parti politique éthique" The Golden Meaning (www.deguldenmiddenweg.eu), qui existe depuis mars 2020, fournit une analyse très claire des émeutes, indiquant que la violence a été délibérément provoquée par des "agents provocateurs". Il exhorte également la police à se ranger du côté du peuple. Mais est-il encore temps pour cela ? Parce que l'humeur qui bascule rapidement en Europe pourrait bien amener l'élite de l'OMS/Gates/WEF/Schwab à décider de nous porter le coup de grâce d'une main de fer dès que possible.

L'épisode 157 de "Veritas Vos Liberabit" parle de deux groupes différents qui étaient actifs à Rotterdam. L'un des groupes a organisé une manifestation contre le bruit des 2G/lockdown avec des casseroles, des poêles et des sifflets, entre autres choses, et l'autre, habillé en noir, a protesté contre l'interdiction des feux d'artifice le 31 décembre. Lorsque les feux d'artifice étaient allumés, la police / le ME passaient en force avec des fourgons. Cela a été un élément déclencheur de la violence, et des voitures de police ont également été vandalisées et incendiées.

Des agents qui provoquent ?

Nous rejetons toute violence, mais nous devons aussi en tenir compte", déclare Peter Baars. Par exemple, dans une rue latérale du Coolsingel, il y avait des tas de briques cassées prêtes à être jetées (une copie de ce qui a été fait plus tôt aux États-Unis), La question est donc de savoir si la violence à Rotterdam a également été "instiguée par des agents provocateurs. Si c'est le cas, on peut aussi se demander de quel côté se trouvent ces provocateurs".

Une page très noire de l'histoire est que la police... a également tiré sur un certain nombre de personnes de manière ciblée. L'un d'entre eux a reçu une balle dans l'estomac. Il était juste là en train de filmer, selon de nombreux passants'.

Ces émeutes ont peut-être été provoquées pour obtenir la désapprobation du public à l'égard des (nouvelles) manifestations. Parmi les émeutiers, des Roméo se sont peut-être cachés. Cela s'est produit plus souvent qu'à son tour. Cela donne lieu à la déclaration de mesures d'urgence et peut-être d'un état d'urgence, afin d'attirer encore plus de pouvoir aux gouvernements... Nous devons vraiment prendre cela en compte".

Des agents d'Eurogendfor vus et filmés : indice que des émeutes ont été provoquées

Baars souligne également qu'il existe des enregistrements d'agents et d'hommes en noir avec des matraques portant l'emblème de l'organisation européenne des gendarmes (/marshals/police militaire), Eurogendfor. On estime que 8 000 gendarmes y sont affiliés. L'Eurogendfor a été créée pour réprimer les émeutes dans les pays de l'autre partie. Raison : un gendarme roumain sera prêt à tirer sur des hommes, mais une police militaire ne le sera peut-être pas (et vice versa).

(Diederik Gommers a également reconnu que la 2G ne va pas aider, et qu'il n'y a pas de différence entre les personnes vaccinées et non vaccinées. Il dit aussi qu'il faudra 10 ans pour restaurer le système de santé détruit par les conglomérats. Pourquoi le gouvernement ne donne-t-il pas les chiffres ? écrit Bert Brandsma en réponse aux déclarations de Gommers (peut-être parce qu'il sera alors évident qu'ici aussi les hôpitaux sont envahis de personnes vaccinées ?) Gommers est-il effectivement en train de quitter le navire en perdition, OU sait-il que le régime occidental prépare quelque chose de bien pire, et ne peut plus se ranger derrière lui) ?

27

Police et direction de la police : dites STOP !

Partout en Europe, de grandes manifestations ont lieu régulièrement (même si elles sont pratiquement ignorées par les grands médias (= chaînes de propagande gouvernementales)). En Autriche, on en est même arrivé au point où la police passe du côté des manifestants. Ils n'ont plus envie d'exécuter des ordres qui nuisent au peuple autrichien".

Baars : "Ma question aux dirigeants de la police est la suivante : quand allez-vous vous réveiller ? Quand allez-vous réaliser que les ordres qui vous sont donnés ne sont PAS dans l'intérêt du peuple ? Quand allez-vous refuser d'exécuter des ordres qui, en fin de compte, vous placeront du mauvais côté de l'histoire ?".

Il appelle donc les dirigeants de la police à dire "BASTA !" à ce gouvernement de "marionnettes" qui ne fait qu'exécuter les ordres des organisations internationales comme l'OMS et le WEF. Une autre voie doit être empruntée, sinon il y aura un retour de bâton, "et la souffrance sera incalculable et ce sera le chaos total". Les dirigeants des corps d'armée devraient donc refuser d'appliquer cette mesure et faire comprendre au gouvernement que les mesures C(ovid) doivent être levées à partir de lundi".

Ce n'est que lorsque la voix de chacun pourra être entendue et que TOUS les faits seront mis sur la table que les gens, dit-il, seront fidèles aux conclusions qui seront alors tirées. Les personnes qui ne sont pas entendues, qui sont piétinées, deviennent désemparées et commencent à faire des choses très folles. Ce n'est pas une menace, c'est un avertissement de ce qui pourrait arriver si nous ne commençons pas à renverser la situation".

L'économiste Armstong : "La population mondiale pourrait diminuer de 50 % si tout le monde était vacciné".

Les émeutes de Rotterdam et les grandes manifestations en Australie, en Croatie, en Italie et en Autriche ne sont pas non plus passées inaperçues pour l'économiste américain Martin Armstrong. Le président français Macron a maintenant déclaré les manifestants "terroristes" et déploie des unités militaires anti-terroristes contre sa propre population. Quiconque pense encore qu'il s'agit de santé publique n'a aucune idée de ce que vous soutenez. Quand les dirigeants les plus brutaux en 6 000 ans d'histoire ont-ils déjà mis toute la société en quarantaine pour une maladie ? JAMAIS !

Le CDC américain a reconnu qu'il n'existe aucune preuve qu'une personne non vaccinée et guérie puisse propager le virus. La grande majorité de tous les nouveaux cas dans les hôpitaux sont des personnes vaccinées partout, "et les gouvernements font tout pour le cacher".

En forçant les injections, vous diminuez en fait l'immunité naturelle. Si vous deviez réellement vacciner le monde entier, vous pourriez déclencher un effondrement de la population de 50 % ou plus... Tout comme l'utilisation excessive d'antibiotiques a créé des superbactéries, ces vaccins vont affaiblir notre immunité naturelle et augmenter le risque d'apparition de nouvelles mutations".

Les gouvernements utilisent ces vaccins pour contrôler la population, en préparation de la Grande Réinitialisation de Schwab, avec laquelle ils essaient d'accélérer la Quatrième Révolution Industrielle (en fait 'Das Vierte Reich' - X.). Ils partent du principe que les robots remplaceront les travailleurs et ont donc besoin d'un revenu de base garanti. Mais ils prient pour une réduction drastique de la population en faisant au moins "baisser le taux de natalité" (et ils pourraient bien faire de même avec ces injections de Covid-19. Voir nos nombreux chapitres précédents à ce sujet).

Le coup de grâce sera-t-il donné encore plus rapidement que prévu ?

L'évolution est si rapide que nous n'avons peut-être même plus quelques mois, mais peut-être seulement quelques semaines, pour arrêter ce grand coup de remise à zéro contre notre société, qui nous plongera bien plus profondément dans un horrible avenir totalitaire avec une oppression dure comme le roc et zéro virgule zéro de liberté et de participation.

J'espère me tromper, mais je crains que les mondialistes de l'OMS/WEF et leurs régimes d'esclaves (y compris ceux de La Haye) ne soient sur le point de frapper d'une main de fer et qu'ils tentent ainsi de porter le coup de grâce. Ce ou ces coups pourraient consister en :

* La dissémination délibérée du virus (modifié) de Marburg et/ou de la variole, comme l'a déjà annoncé Bill Gates. Tous les doutes plus que justifiés concernant Corona/Covid seront effacés lorsque les gens mourront en masse. Le virus Marburg/variole ne doit même pas encore être libéré réellement, mais peut également être utilisé pour l'énorme vague de maladie et de mort qui semble avoir commencé partout à la suite des injections de Covid.

* Une opération occidentale sous faux drapeau en Pologne ou en Ukraine, ou ailleurs, destinée à provoquer une guerre supposée "soudaine" avec la Russie. Historiquement, rien ne distrait mieux un peuple que la guerre. Un tel false flag pourrait également consister en un black-out de " cyberattaque " de plusieurs jours, voire de plusieurs semaines, que le WEF ainsi que divers gouvernements ont déjà pratiqué plus tôt cette année (tout comme les mêmes parties ont " pratiqué " une épidémie mondiale de coronavirus en octobre 2019 (événement201)).

* Une série de catastrophes naturelles causées par les armes énergétiques HAARP (qui ne sont plus une conspiration, mais sont désormais reconnues et fonctionnent) (par exemple, un tremblement de terre

massif aux États-Unis, des inondations en Europe et en
Chine, etc.) qui font tant de victimes que le chaos est
mis à profit pour l'établissement de l'état des lieux et
l'élimination permanente de nos derniers vestiges de
liberté.

Beaucoup espèrent que les gouvernements vont se
dégonfler et revoir leurs plans à la baisse. J'espère que
ces personnes ont raison, mais étant donné les crimes
énormes de ces (presque) deux dernières années, le fait
que "nos" dirigeants soient prêts à mentir
continuellement de manière aussi flagrante et à
marcher littéralement sur des cadavres - ne serait-ce
qu'en interdisant l'Ivermectin - me donne le sentiment
tatillon qu'ils vont se saisir des événements de
Rotterdam et de la population en révolte pour quelque
chose d'horrible, et qu'ils ne regarderont pas quelques
victimes de plus ou de moins.

**La dictature la plus inhumaine qui soit va-t-elle
commencer en 2022, ou allons-nous l'arrêter ?**

Notre avenir ne tient plus qu'à un fil. Si l'élite de l'ONU,
de l'OMS, du FME, de l'UE, du FMI, de la Gavi, de la BRI
et de la Commission trilatérale (et vous pouvez citer
toutes les abréviations) obtient ce qu'elle veut, nous
nous retrouverons à partir de 2022 dans la dictature la
plus dure et la plus inhumaine que cette planète ait
jamais connue et qui, telle qu'elle se présente
actuellement, peut faire des milliards de victimes.
L'Agenda-2030 veut réduire la population mondiale à un
maximum de 1,5 milliard, ce qui signifie qu'aux Pays-

Bas, environ 14 millions de personnes devront disparaître.

Seule une société suicidaire acceptera sans le vouloir sa propre extermination. Résistez donc pacifiquement (!), comme le dit Baars, en fermant tout le pays et en acceptant rien de moins que la suppression complète et permanente de toutes les mesures "C".

Et la police et les autres forces de l'ordre : si le régime de La Haye refuse de mettre un terme à la destruction progressive de l'économie, à l'instauration de la peur et de la division, à l'imposition de la discrimination et de l'apartheid QR, ainsi qu'à l'atteinte à la santé publique par des injections de thérapie génique expérimentales très discutables - et dont il est maintenant reconnu qu'elles ne sont pas protectrices -, vous pourriez commencer à penser à constituer des équipes d'arrestation prêtes à arrêter et à détenir les décideurs et les cadres de la politique, des institutions et des médias afin qu'ils soient jugés par un tribunal pour haute trahison envers leur propre peuple et pour les crimes contre l'humanité qu'ils ont déjà commis.

L'avenir dans les camps

Qui ose encore NE PAS faire la comparaison avec la Seconde Guerre mondiale / l'Holocauste ? - Le mouvement australien pour la liberté envoie un SOS désespéré au monde : "Aidez-nous, notre pays est perdu".

Cela avait été annoncé l'année dernière, et c'est maintenant un fait accompli : les premiers Australiens ont été transférés de force dans un camp de concentration sous prétexte d'une "menace extrême pour la santé publique" après que 19 "infections" suspectes au Covid ont été détectées dans la ville de Binjari. Le mouvement pour la liberté "Reignite Democracy Australia" a récemment envoyé un SOS désespéré au monde entier car "notre pays est perdu". Mais qui va sauver les Australiens de cette tyrannie fasciste inhumaine ? Cela arrive en Europe aussi, et ils font tout ce qu'ils peuvent pour que cela arrive en Amérique du Nord aussi", a récemment averti l'économiste américain Martin Armstrong. Vous pensez encore : mais pas ici, n'est-ce pas ? Détrompez-vous : L'OMS/Bill Gates et le WEF/Klaus Schwab ont les Australiens et les gouvernements sous leur coupe.

Les habitants des villages de Binjari et de Rockhole (220 et 130 habitants respectivement) avaient déjà été placés dans une situation de confinement strict, dans laquelle ils n'étaient autorisés à sortir de chez eux que pour faire les courses nécessaires, recevoir des soins médicaux, faire deux heures d'exercice, travailler et s'instruire (si cela ne pouvait se faire depuis chez eux).

Ces 5 exceptions ont maintenant toutes été abrogées, à l'exception des traitements médicaux d'urgence. En outre, tout le monde doit se faire "vacciner" le plus rapidement possible. Le ministre Gunner a justifié ces mesures autoritaires par le mensonge éhonté selon lequel "le danger pour les vies est extrême".

Donc, ce n'est pas une théorie de la conspiration après tout.

38 "contacts" des 19 personnes "contaminées" ont été retrouvés et également transportés par des camions de l'armée vers le camp de concentration de Howard Springs (image à ne pas publier en raison des droits d'auteur). Celui-ci compte un total de 3000 places, officiellement pour les " étrangers " et les " voyageurs nationaux ". Les tweets de Bernie : "Donc ce n'était pas une théorie du complot après tout".

"Sauvez-nous, notre pays est perdu

Le mouvement pour la liberté "Reignite Democracy Australia" a récemment diffusé un SOS désespéré au monde entier.

L'Australie ne peut plus se battre pour elle-même", a déclaré Monica Smit, soulignant le fait que des manifestants se font tirer dans le dos, que des personnes sont arrêtées pour avoir critiqué le gouvernement sur les réseaux sociaux et licenciées si elles ne se font pas injecter, et que même les enfants se suicident désormais en nombre alarmant. Nous sommes désormais un pays de division, de coercition et d'apartheid médical... Nos droits de l'homme ont disparu, disparu !

Nous avons été réduits au silence. Nous avons été attaqués, soumis au chantage et endommagés psychologiquement. Nous avons essayé de mener cette bataille seuls, mais le gouvernement a instillé tellement de peur que nous n'avons plus la force de nous battre".

Nous sommes une nation brisée, et même si nous n'abandonnerons jamais, nous avons besoin de votre aide pour poursuivre notre combat. Nous avons besoin de l'aide de nos amis internationaux. Nous vous demandons votre soutien, afin d'exercer une pression politique et économique sur nos dirigeants pour qu'ils changent le cours destructeur que nous suivons. C'est pourquoi nous organisons une manifestation mondiale, à l'exclusion de l'Australie, pour soutenir notre lutte pour la liberté. Ceci est un SOS officiel pour mon beau pays. Nous vous supplions d'écouter notre appel au secours".

Nos "amis internationaux", cependant, ont TOUS été pris en charge par le même club de mondialistes communistes-technocrates. Nous sommes désolés, Australiens, mais nous sommes confrontés à l'imposition de la même dictature tyrannique, même si elle n'a pas encore été poussée aussi loin que vous.

(C'est une stratégie délibérée de "patchwork" de division et de conquête. Beaucoup de gens réagissent encore avec l'argument de la "politique de l'autruche" : "Oh, mais ce n'est pas avec nous, ce ne sera pas avec nous, vous savez ! (Tout comme ils ont promis qu'il n'y aurait jamais de passeport-vax, que les vaccinations ne seraient jamais "poussées", etc.)

Cela arrive aussi en Europe, et ils font tout ce qu'ils peuvent pour que cela arrive aussi en Amérique du Nord", a averti l'économiste américain Martin Armstrong il y a quelques jours. Avec seulement 5 millions de décès (supposés) dus au Covid dans le monde sur une population de 7,8 milliards d'habitants, c'est le Nouvel Ordre Mondial qui met fin à la démocratie !".

Qui nous délivrera de ces ennemis de l'humanité ?

Pendant la deuxième guerre mondiale, les Américains, les Britanniques, les Canadiens et les Australiens sont venus nous délivrer des nazis. Aujourd'hui, nous avons besoin d'une nouvelle délivrance d'un autre type d'occupation. Nous devons maintenant être libérés de l'OMS/Bill Gates, du WEF/Klaus Schwab, de George Soros (= le "président fantôme" européen de facto), de tous leurs exécutifs politiques serviles, du complexe des grandes entreprises pharmaceutiques et des grandes banques, et certainement de leurs directeurs tout-puissants dans les coulisses, en particulier les célèbres familles Rothschild et Rockefeller et, juste en dessous, certaines des royautés européennes et orientales les plus connues.

Ce club relativement restreint d'élitistes jette tous les masques de l'"humanité" et de la "démocratie" à un rythme toujours plus rapide, et se révèle en réalité être un ennemi virulent de l'humanité.

J'abhorre toute forme de violence, mais en dehors d'une intervention surnaturelle/divine espérée et attendue par beaucoup, on peut se poser la question pressante de savoir quel(s) pays ont une puissance (militaire) et une volonté politique suffisantes pour débarrasser le monde de ces monstres et de leurs institutions.

La prochaine pandémie ?

Ou bien les rapports faisant état de mystérieux flacons de variole et de médicaments et vaccins obtenus visent-ils simplement à maintenir la population dans un état de peur permanent ?

L'an dernier, l'eugéniste milliardaire Bill Gates a annoncé en souriant que "si la première pandémie ne vous convainc pas" (de vous faire injecter des "vaccins" de manipulation génétique), la deuxième le fera. Il y a quelques mois, il a suggéré que la prochaine pandémie pourrait concerner le virus de Marburg, mais peu de temps après, il a changé cela pour un retour de la redoutable variole. Selon Natural News, l'administration américaine de Biden est maintenant prête à attaquer l'ensemble de la population mondiale avec cette arme biologique "ange de la mort". En fait, en septembre, le gouvernement a acheté pour des millions de dollars de médicaments spéciaux contre la variole.

Il y a huit ans déjà, le gouvernement fédéral stockait de grandes quantités de vaccins contre la variole. Aujourd'hui, tout à coup, d'étranges rapports sur la "variole" sont apparus récemment dans les médias grand public. Un employé d'un laboratoire de Philadelphie - appartenant au géant pharmaceutique Merck - aurait trouvé par hasard 15 flacons de médicaments contenant le virus de la variole dans un réfrigérateur.

Puis Bill Gates a lancé un avertissement selon lequel des "terroristes" (se regardait-il dans un miroir à ce moment-là ?) prévoient de libérer une arme biologique contre la variole, et que les gouvernements devraient donc dépenser des milliards (en "vaccins", bien sûr) pour prévenir les "futures pandémies".

La variole aurait été éradiquée en 1980. Alors pourquoi l'administration Biden a t'elle fait une croix sur le médicament TOPXX, développé pour traiter la variole, pour 112,5 millions de dollars en septembre ?

Que se passe-t-il si un bioterroriste libère la variole dans 10 aéroports ?

Le 7 novembre, nous avons rapporté que Bill Gates a ordonné à l'Occident d'investir des dizaines de milliards dans les préparatifs (ou "Germ Games") de la prochaine p(l)andémie.

Que se passe-t-il si un bioterroriste libère la variole dans 10 aéroports ? En posant cette question lors de la récente interview de Policy Exchange, Gates tente ouvertement d'instiller de nouvelles craintes afin non seulement de soutirer des milliards supplémentaires pour "vacciner" encore et encore l'ensemble de la population mondiale, mais aussi comme un argument supplémentaire pour confier encore plus de pouvoir aux Nations unies et à la task force spéciale de l'OMS sur les pandémies (et donc à lui).

Ces "germ-games" dont parle Gates ressemblent à des exercices sous faux drapeau visant à lâcher des "germes" (agents pathogènes) sur le monde, et arrivent à un moment où nous savons que les mondialistes, dans leur esprit malade, trouvent nécessaire d'éradiquer une grande partie de la population mondiale", conclut All News Pipeline.

Prochaine pandémie : éradiquée ou un patch de vaccin dans le bras

Ainsi, après que l'"exercice" de pandémie Event201 (en octobre 2019) avec l'apparition d'un coronavirus soit devenu une réalité à peine 3 mois plus tard, la prochaine pandémie prévue - qu'elle soit due à la variole, à un virus de Marburg modifié ou à un autre "tueur" (qu'il existe réellement ou non) - pourrait bientôt "devenir virale" dans le monde entier.

Ou bien les rapports faisant état de mystérieux flacons de variole et de médicaments et vaccins obtenus visent-ils simplement à maintenir la population dans un état de peur permanent ? Une autre explication tout aussi plausible est que les gouvernements devraient être en mesure d'identifier une sorte de virus "false flag" une fois que des millions de personnes seront gravement malades et/ou mourront des suites des injections de Covid, une évolution extrêmement effrayante mais prédite par de nombreux experts qui a maintenant commencé.

Les survivants de la prochaine pandémie devraient, si
cela ne tient qu'à Gates (et donc à l'OMS = le vrai
gouvernement), tous recevoir un "patch de vaccination"
dans le bras, ce qui pourrait bien être l'achèvement du
"signe de la Bête" prédit et piqué, auquel tous les
vaxxers sont maintenant progressivement intégrés.

Guerre contre l'humanité

L'infirmière en chef slovène démissionne et montre aux journalistes que les flacons de vaccin contiennent des codes : 1 = placebo (pour les chiffres connus), 2 = l'injection d'ARNm, 3 = contient le gène ONC qui donnerait le cancer à tout le monde dans les 2 ans.

Les temps anciens ont été ravivés et relookés alors que des centaines de milliers de parents dans le monde sont prêts à sacrifier leurs propres enfants sur l'autel des variantes modernes de Baal et Moloch. La guerre mondiale de Pfizer contre les enfants, qui sont utilisés comme des "boucliers" humains en leur injectant des substances expérimentales potentiellement mortelles, a maintenant atteint Israël et le Canada, où des enfants de 5 ans seulement sont injectés.

Dans de nombreux pays, des millions d'Européens sont descendus dans la rue ces dernières semaines pour protester contre toutes les mesures du Covid, mais sans une volonté massive d'action, de telles manifestations n'ont aucun sens. Par action, nous n'entendons pas la violence bien sûr, mais simplement un refus total et ferme de coopérer avec toutes ces mesures d'apartheid qui violent les droits civils et humains, restreignent la liberté et nuisent à la santé.

Comme vous le savez, je le réclame depuis l'année dernière. Je suis donc tout à fait d'accord avec le rédacteur en chef Brian Shilhavy (Health Impact News), qui écrit : "Je suis sûr que les tyrans mondialistes qui avancent à toute vapeur vers leur objectif de réduire la population mondiale en esclavage et de réduire leur nombre se moquent de vous, puisque de toute évidence aucun d'entre vous ne s'adresse à ces tyrans".

Personne ne fait rien pour sauver les enfants.

Alors que ces manifestations gagnent en nombre et en ampleur, des enfants sont maltraités et potentiellement assassinés dans les prisons, les écoles et les églises, poursuit-il. J'attends toujours que ces foules immenses quittent les rues et se rendent dans ces centres de mise à mort, qu'elles pourraient si facilement fermer avec un tel nombre de personnes. Mais tout ce que je vois, ce sont des vidéos de parents heureux qui maltraitent et tentent de tuer leurs propres enfants, soumis au lavage de cerveau d'un culte de la vaccination qui dévore leurs enfants. Et personne n'intervient pour les arrêter et sauver les enfants".

Si vous voulez savoir ce qui attend un nombre important (et peut-être même très important) de ces jeunes enfants, il suffit de regarder quelques exemples d'enfants et d'adolescents qui ont souffert de graves problèmes de santé ou sont morts après avoir reçu ces injections expérimentales de manipulation génétique. Leurs parents sont maintenant terriblement désolés, en partie parce que beaucoup se rendent compte qu'ils auraient pu et dû savoir :

Seuls les "covidiots" refusent de se sacrifier et de sacrifier leurs enfants.

Je suis moi-même un parent, et je considérerais toute aiguille qui s'approcherait même de mon enfant, et aussi toute obligation de le faire, comme une tentative directe de meurtre, et je ferais donc tout ce qui est en mon pouvoir pour l'arrêter.

Mais apparemment, cela fait de moi une mauviette en 2021, et des grands prêtres tels que Bill Gates, Anthony Fauci, le pape François et, dans mon propre pays, par exemple, Hugo de Jonge et Ab Osterhaus, me disent que je devrais être heureuse de pouvoir sacrifier non seulement moi-même, mais aussi mon enfant sous le faux prétexte de la "santé publique" aux grandes entreprises pharmaceutiques telles que Pfizer et Moderna, les Baals et Molochs de notre époque.

Qu'est-ce que c'est que cette fascination millénaire et indéracinable des gens, des peuples et de toutes les religions pour le sacrifice et (pour d'autres) le meurtre d'autres personnes et même de votre propre progéniture afin de plaire aux soi-disant "dieux", pour que vous obteniez vous-même "l'absolution" et peut-être une "meilleure vie" (dans ce cas, retrouver votre liberté) ?

Infirmière en chef slovène : les flacons de vaccins contiennent des codes

Que ces personnes s'injectent d'abord elles-mêmes, ainsi que leurs propres enfants et leur famille, avant d'exiger cela des autres (ce qui, soit dit en passant, ne

45

devrait jamais être une option). Cependant, une partie indépendante devrait pouvoir garantir que ces personnalités ne reçoivent pas secrètement une solution saline, comme cela s'est produit en 2009 lors de l'épidémie de grippe porcine en Allemagne et, selon une infirmière en chef (présumée) de Slovénie, à grande échelle dans ce pays (et donc probablement dans d'autres parties de l'Europe).

Cette infirmière en chef du centre médical universitaire de Ljubljana a démissionné et a déclaré à la caméra que les flacons de "vaccin" Covid-19 contiendraient trois codes. Les flacons dont le code se termine par un 1 contiennent un placebo, une solution saline, et sont destinés à des personnalités connues du monde politique, des médias, des affaires*, etc. Ils ne sont pas autorisés à tomber malade et à mourir, bien sûr, car cela effraierait les gens ordinaires.

Les flacons marqués d'un 2 contiennent le vaccin ARNm, et dans les flacons marqués d'un 3, on a mis le gène ONC qui stimule le développement du cancer. Selon l'infirmière en chef, toute personne ayant reçu le "numéro 3" développera un cancer dans les 2 ans. (Nous avons attendu un certain temps avec cette histoire, car il y a très peu de sources directes disponibles, et aussi il ne peut pas être confirmé (encore) ce qui est dit exactement sur la vidéo).

(* Les employés de BioNTech, partenaire de Pfizer, ne se font de toute façon pas inoculer leur propre produit pour des "raisons de sécurité". Mais pour vous, c'est apparemment assez "sûr" pour vous l'imposer sous peine d'exclusion et autres sanctions...).

Alors dépêchez-vous de faire la queue pour votre piqûre de rappel, car qui ne veut pas de ça ?

Ivermectine ?

Après que l'État indien de l'Uttar Pradesh (241 millions d'habitants) a récemment été déclaré exempt de covidés grâce à l'Ivermectin, le Japon a lui aussi vaincu la maladie grippale à l'aide de ce médicament sûr connu et éprouvé depuis des décennies, qui était strictement interdit en Occident précisément parce qu'il peut mettre fin à la maladie p(l)andémique en très peu de temps.

Les grands médias contrôlés par Big Pharma, qui depuis l'année dernière condamnent pratiquement tous les médicaments existants qui aident les malades avérés du Covid à se remettre sur pied parce que les politiciens ont simplement désigné "le vaccin" comme la seule "solution", ont bien sûr affirmé que le port de protège-dents et l'introduction de vaccins avaient endigué le Covid au Japon, et ont ignoré le fait que toutes les mesures restrictives n'avaient pas fonctionné dans un seul pays. En fait, peu après le début des injections, le nombre de morts et de malades a commencé à augmenter fortement partout.

Au Japon, le nombre de victimes a chuté de façon spectaculaire après que le directeur de l'Association médicale de Tokyo a demandé à tous les médecins, à la fin du mois d'août, de commencer à délivrer de l'Ivermectin (contre l'avis de l'OMS=Bill Gates). Résultat ? Dans la capitale japonaise, il y avait encore 6000 "cas" (supposés) en août. Fin septembre, il n'y en avait plus que moins de 100.

L'agence de presse AP a dû faire des pieds et des mains pour attribuer le "succès soudain et surprenant" au Japon à des mesures qui n'avaient pas fonctionné, voire avaient été contre-productives, pendant plus d'un an. Le lien directement démontrable avec l'autorisation de l'Ivermectin a été complètement ignoré.

Vaccine=Covid

Le 20 août 2020, sans vaccins, il y avait 832 nouvelles "infections" ; un an plus tard, il y en avait 22 301, avec près de 70% de la population injectée à ce moment-là. Le taux de mortalité quotidien moyen était CINQ fois plus élevé qu'un an auparavant. Le nombre de tests positifs (quel que soit le sens du mot) est passé de 25% en août à 1% à la mi-octobre.

Nous l'avions prédit l'année dernière, tout comme la fausse accusation des personnes non vaccinées pour la vague croissante de malades et de morts, et l'inversion complète des faits dans les hôpitaux, où les patients vaccinés ne sont délibérément PAS autorisés à être comptés précisément parce qu'ils sont vaccinés, et le mensonge doit être maintenu qu'alors vous ne pouvez plus avoir de Covid sérieux. La réalité ?

Dans le monde entier, des médecins et des travailleurs de la santé observent ce phénomène, mais ceux qui en parlent publiquement sont presque tous immédiatement suspendus ou licenciés, ou démissionnent eux-mêmes parce qu'ils ne veulent plus coopérer avec cette monstrueuse tromperie (voir aussi 11-10 : Un médecin urgentiste canadien démissionne : Au moins 80 % des patients sont entièrement vaccinés" et 25-08 : Un hôpital d'Irlande du Nord licencie un médecin après avoir révélé que presque toutes les personnes gravement malades sont vaccinées).

CNN a récemment dû serrer les dents et admettre que l'affirmation, adoptée sans discernement par les médias grand public, selon laquelle l'ivermectine est un "anthelminthique pour chevaux" et ne convient pas aux humains, était fausse. L'ivermectine est prescrite à des millions de personnes depuis des décennies avec un grand succès et pratiquement aucun effet secondaire. Ainsi, le Japon - qui, grâce à l'administration prudente de vaccins, a le deuxième taux de mortalité infantile le plus bas de tout le monde développé* - dispose désormais d'un médicament très sûr et efficace pour combattre les virus respiratoires tels que la grippe et le corona qui reviennent chaque hiver.

("Ce lien a été démontré partout. Japon : 12 doses de vaccin, mortalité infantile 2,79 pour 1000 / Pays-Bas : 24 doses de vaccin, mortalité infantile 4,73 pour 1000 / États-Unis : 26 doses de vaccin, mortalité infantile 6,22 /

1000. En résumé : plus de vaccins = PLUS d'enfants morts).

D'autres hommes également guéris par l'Ivermectin

Bien que le traitement du Covid avec l'Ivermectin soit brutalement réprimé (le médecin généraliste est condamné à une amende de 150 000 dollars, les douanes interceptent les colis contenant de l'Ivermectin commandés à l'étranger), ici aussi des personnes ont été guéries. Susanne Heijmans était même en phase terminale, mais s'est complètement rétablie après avoir reçu de l'Ivermectin.

L'ANBB s'étonne que le NHG (association de médecins généralistes) émette toujours un avis négatif pour l'Ivermectin, malgré son grand succès dans des dizaines de pays, et a demandé au NHG le 26 octobre d'ajuster cet avis à "neutre".

Mais les politiciens ne veulent manifestement pas d'une population en bonne santé et semblent continuer à faire pression sur le NHG. L'une des principales raisons sous-jacentes à l'interdiction de l'ivermectine en Europe est que l'autorisation d'urgence pour les injections expérimentales de Covid expire légalement dès qu'il existe d'autres médicaments dont l'efficacité est prouvée. Les "vaccins" ne pourront plus être appliqués à partir de ce moment-là, et c'est précisément LE but recherché.

Autres expériences de l'Europe avec l'Ivermectin, y compris le protocole du Dr. Zelenko (Bromhexine, Quercétine, vitamine D et C, zinc) :

* Une femme très malade de 1970 guérit grâce à l'Ivermectin, un "choc positif" ;

* Couple de Drenthe (40 et 42 ans, mari très malade avec une forte fièvre) guéri en quelques jours grâce au protocole Ivermectin/Quercetin) ;

* Un homme de 56 ans commence à utiliser l'Ivermectin au cours de sa troisième semaine de maladie, puis il va mieux après 3 jours ;

* Un jeune de 17 ans a souffert de divers problèmes de santé (y compris les poumons) dus à la couronne (que cette personne avait eue en mars) à partir d'octobre 2020 ; il a commencé à prendre de l'Ivermectin (et des vitamines/suppléments) fin juillet 2021, puis s'est complètement rétabli en un mois ;

* Une grand-mère de 80 ans a contracté Covid en septembre. Heureusement, elle avait déjà de l'Ivermectin et de l'azithromycine à la maison, qu'elle a commencé à prendre lorsqu'elle a eu de la fièvre. Déjà après 10 jours, elle se promenait avec ses petits-enfants dans un parc d'attractions.

Un mari a guéri une femme : "En Europe, d'autres intérêts jouent un rôle".

51

* Une femme gravement malade s'est rétablie à 95 %
en 5 jours grâce à l'Ivermectin. Son mari écrit :

Je trouve extrêmement choquant qu'une pharmacie de
l'UE ait refusé, sans nous le signaler, de mettre à notre
disposition le médicament promis (Ivermectin) et que
cela n'ait pas posé de problème en dehors des Pays-Bas.

Je n'ai aucune confiance dans la "science médicale"
occidentale et sa politique d'interdiction des
traitements préventifs ou précoces par les médecins
généralistes, alors qu'en dehors des frontières de l'UE,
ce n'est pas un problème du tout. Je ne peux que
conclure que d'autres intérêts jouent un rôle au niveau
des groupes d'intérêt et des VWS, avec pour résultat
que le traitement adéquat des malades de Covid-19 ne
commence qu'avec l'hospitalisation. Pas étonnant que
les hôpitaux soient pleins".

Coup de carte QR/vax

Ces hôpitaux (sur)remplis ne sont certainement pas
encore là, ce qui, selon ma conviction personnelle, est
exactement ce que le gouvernement semble vouloir*,
parce qu'avec cela, un (faux) argument supplémentaire
peut être donné pour faire passer les injections
obligatoires de manipulation génétique Covid-19 pour
tout le monde.

En outre, les régimes locaux exécutent le diktat de l'UE
d'imposer un code QR/identification numérique
anticonstitutionnel à chaque citoyen d'ici la fin 2022, ce

qui supprimera définitivement toutes nos libertés, nos droits et notre vie privée. L'Ivermectin marquerait l'achèvement de ce coup d'État technocratico-communiste QR code/vaxpas perpétré contre notre société.

La vérité ?

... ou s'agit-il d'une énième diversion au sujet du fait de plus en plus douloureux que ce sont les injections de Covid elles-mêmes qui provoquent des maladies et des décès en masse ?

Qualifiée l'an dernier de théorie de la conspiration des "wappies", elle est aujourd'hui ouvertement reconnue par le CDC américain : le coronavirus SRAS-CoV-2 qui serait à l'origine de la Covid-19 est un virus chimère, qui ne peut donc avoir été créé que dans un laboratoire. De plus, selon le CDC, cela s'applique également au SRAS-1, qui a suscité une grande panique au début de ce siècle, mais qui s'est avéré être une tempête dans une tasse de thé. J'ai écrit récemment que les Chinois le savent depuis longtemps et ont interprété le SRAS-1 comme une attaque biologique occidentale. Ils auraient donc élaboré des plans avancés, peut-être déjà en cours, pour renverser l'empire occidental des Rothschild-Rockefeller.

Aujourd'hui, la Division of Select Agents and Toxins of the Centers for Disease Control and Prevention (CDC) a publié une règle finale provisoire autorisant les virus chimériques du SRAS-CoV/SARS-CoV-2, résultant d'une manipulation délibérée du SRAS-CoV-2 pour ajouter des nucléotides (acides) codant pour les facteurs de virulence du SRAS-CoV, à la liste des agents et toxines sélectionnés par le HHS. En outre, les travaux visant à créer ce virus chimérique constituent une "expérience

secrète" et nécessitent l'approbation préalable du CDC
avant la réalisation de l'expérience.

Une chimère (virus) ?

Selon le Van Dale, une chim(a)ère est un "animal ou une
plante présentant des caractéristiques génétiques de
deux races ou espèces différentes, qui a été obtenu par
le mélange artificiel de cellules provenant de deux
embryons respectivement par greffe. (c'est nous qui
soulignons). Une chimère (avec majuscule) est un "
monstre mythologique (grec) crachant du feu, avec une
tête de lion, un corps de chèvre et une queue de
serpent ".

Le dérivé apparenté chimère est "onirique, chimérique"
; chimérique est décrit comme "monstrueux,
chimérique". Si quelque chose s'est avéré être une
chimère ("quelque chose qui n'existe ou n'est possible
que dans l'imagination") au cours des deux dernières
années, c'est bien la pandémie de corona. Même le
réputé British Medical Journal a récemment admis que
cette "pandémie" n'existe que sur l'écran de télévision
et le tableau de bord corona.

Sans oublier le président de la R&D du fabricant de
vaccins Novavax, qui a reconnu devant les caméras de
CNN qu'il n'avait pas accès au virus Covid, mais
seulement à un modèle numérique de celui-ci (!!!). Cela
aussi était une théorie du complot "wappie" en 2020 et
2021, vous vous souvenez ? Toutes ces "célébrités" à la
télévision qui ont pensé qu'elles devaient contribuer à

semer la haine sans retenue contre les personnes qui osaient affirmer autre chose que le corona est un terrible virus tueur, et que nous devrions donc tous nous faire injecter des substances expérimentales de manipulation génétique à l'infini, dont les conséquences souvent très graves ne pourront jamais être effacées ?

La recherche libre est interdite - qu'est-ce que les scientifiques ne sont pas autorisés à découvrir ?

Le CDC savait depuis le début que l'histoire du coronavirus provenant d'un marché chinois de poissons et de viandes (la fameuse soupe de chauve-souris) était une pure absurdité. Cela souligne à nouveau le fait que tous les gouvernements devaient également être au courant et que les médias ont donc délibérément diffusé un mensonge flagrant à ce sujet tout au long de l'année 2020. Ce n'est pas pour rien que le CDC a déclaré "secrètes" (restreintes) les recherches sur le SRAS-1 et le SRAS-2, de sorte qu'une autorisation spéciale est désormais requise.

Le gouvernement américain veut empêcher les scientifiques de connaître la véritable composition de ces virus, et donc de découvrir qui ou où ces agents pathogènes artificiels ont été créés. Ou peut-être découvrir que le gouvernement ne possède pas du tout ces virus, et qu'ils n'existent en fait que "sur le papier" ?

Bien sûr, Facebook a immédiatement bloqué le groupe Wikileaks-Italie qui a publié ces informations, soi-disant parce qu'elles pourraient provoquer des "violences physiques". Et c'est peut-être vrai cette fois-ci, parce que lorsque des millions de personnes se réveillent et découvrent qu'elles ont été massivement escroquées par leurs propres administrateurs et médias, et qu'elles ont été malheureuses pendant deux ans pour absolument rien, il n'est pas inconcevable qu'un peuple veuille se venger de ses vies et de son avenir ratés.

"Alors, monde, que vas-tu faire à ce sujet ?

Alors le monde, maintenant que vous savez que le SRAS-CoV-2 a été créé dans un laboratoire, et maintenant que vous savez que c'est le gouvernement qui a financé la création du SRAS-CoV-2, déclenchant l'épidémie de Covid-19 qui a tué des millions de personnes, ruiné des économies et des entreprises entières, écrasé les finances personnelles des gens, endommagé les enfants par l'isolement social - qu'allez-vous faire à ce sujet ?" écrit l'animateur de radio américain Hal Turner.

Ou bien une bio-attaque de votre propre gouvernement est-elle quelque chose que vous laissez passer ? La mort des membres de votre famille à cause d'un virus financé par le gouvernement est-elle quelque chose que vous acceptez simplement, sans rien faire ?

Et si cette bio-attaque était légèrement différente, et que le syndrome spécifique de Covid-19 n'était pas causé par un (supposé) virus, mais par les injections elles-mêmes, comme je l'ai suggéré l'année dernière ? (Après tout, le syndrome Covid - y compris les statistiques - correspondait parfaitement à une grippe ordinaire, jusqu'à ce qu'un grand nombre de personnes aient reçu des injections, et que soudain de plus en plus de personnes soient victimes de thromboses, d'hémorragies cérébrales, de maladies cardiaques, de troubles auto-immuns, etc.

Un soulèvement populaire planifié pour ouvrir la voie à un gouvernement mondial ?

Et Turner appelle-t-il ici à quelque chose que, selon certaines sources, les échelons les plus élevés de l'élite mondialiste visent en fait, à savoir un soulèvement de masse mondial contre les gouvernements actuels, afin que le chaos qui s'ensuit lorsqu'ils sont démis par la force soit mis à profit pour présenter un gouvernement mondial comme la "grâce salvatrice" ?

En d'autres termes, les personnes qui trahissent leur propre peuple - par des dirigeants sans scrupules qui, comme cela s'est produit il y a deux jours à Amsterdam, vont même jusqu'à faire en sorte que des manifestants pacifiques soient délibérément pris en embuscade et battus par le M.E. - seront-elles bientôt elles-mêmes trahies par leurs grands maîtres en coulisses ? Les gouvernements et les parlements sont-ils en train de sacrifier leurs propres citoyens pour l'Agenda-2030 / le Great Reset ("Build Back Better"), pour finir eux-mêmes sur l'autel du sacrifice, avec les grands dirigeants des médias qui répandent depuis des années des mensonges sur des questions importantes ?

Espérons que "nos" dirigeants retrouveront la raison à temps et recommenceront à se ranger du côté de leurs peuples, avant qu'il ne soit définitivement trop tard pour les deux parties.

PDG : "Un nombre énorme, énorme de personnes meurent, principalement des personnes âgées de 18 à 64 ans" - *"La plupart ne sont pas déclarées victimes du Covid" - "Une augmentation de 10 % serait une catastrophe qui ne se produit qu'une fois tous les 200 ans, sans parler de 40 %".*

L'un des principaux assureurs américains, OneAmerica, a annoncé une nouvelle choquante : le taux de mortalité des personnes appartenant à la population active (âgées de 18 à 64 ans) a augmenté de 40 % par rapport aux niveaux normaux d'avant la pandémie. Nous observons actuellement les taux de mortalité les plus élevés de l'histoire de ce secteur, et pas seulement chez OneAmerica", a déclaré le PDG Scott Davison lors d'une conférence de presse en ligne. Les données sont cohérentes pour tous les acteurs de cette branche.

OneAmerica (chiffre d'affaires annuel de 118 milliards de dollars), dont le siège se trouve à Indianapolis, existe depuis 1877 et bénéficie des meilleures notations dans le secteur des assurances. Le PDG, M. Davison, a souligné qu'un "nombre énorme, énorme" de personnes meurent, "principalement dans la population en âge de travailler, de 18 à 64 ans". Quand cette augmentation massive a-t-elle commencé ? Au troisième trimestre, alors que la plupart des Américains venaient d'avoir leur injection de Covid.

Pour vous donner une idée de la gravité de la situation : un sigma de trois (calcul statistique), ou une catastrophe qui ne se produit qu'une fois tous les 200 ans, correspondrait à une augmentation de 10 % par rapport aux niveaux prépandémiques. Donc 40 %, c'est du jamais vu. D'ailleurs, la plupart des demandes ne concernent pas les décès dus au Covid-19, même si le gouvernement américain utilise la même supercherie de "contamination" démontrée qu'en Europe pour déclarer le plus grand nombre possible de victimes du Covid.

Vaxxicide

L'année dernière, nous avons fait un rapport très complet sur les nombreux scientifiques, médecins et autres experts de haut niveau qui ont mis en garde contre une énorme vague de malades et de morts à la suite des injections de manipulation génétique Covid. Les nanoparticules d'oxyde de graphène et les protéines de pointe créées par ces "vaccins" se rendent dans tous les organes et provoquent, entre autres, des troubles auto-immuns, des caillots sanguins, des hémorragies cérébrales, des crises cardiaques et d'autres maladies cardiaques, qui ont maintenant touché plusieurs centaines d'athlètes professionnels dans le monde entier, et qui frappent de plus en plus d'enfants.

Il est désormais largement démontré scientifiquement que les "vaccins" Covid affaiblissent gravement le système immunitaire humain et l'endommagent de façon permanente chez de nombreuses personnes. Les "piqûres de rappel", dont le ministre Hugo de Jonge s'est empressé d'acheter 6 exemplaires - et qu'il préférerait nous faire injecter à tous - seront donc très probablement le coup de grâce. En bref : le génocide vaccinal, ou vaxxicide comme nous l'appelons depuis quelque temps déjà, semble avoir réellement commencé.

Deagel : 2/3 de la population des États-Unis et de l'Europe disparus d'ici 2025

Pendant des années, je me suis demandé pourquoi le site de renseignement militaire Deagel - que nous avons couvert à plusieurs reprises au fil des ans - ne manquait pas de signaler dans ses analyses que 1/3 à parfois 2/3 de la population aux États-Unis et en Europe aura disparu d'ici 2025. Pour les Pays-Bas également, les projections (depuis cette année mises hors ligne) de 2016 étaient effrayantes : notre population diminuerait d'environ 6,4 millions de personnes dans les années à venir :

Peut-être qu'il ne s'agissait pas du tout d'une prévision, mais d'un " objectif " de l'Agenda 2030 / Great Reset, que nos administrateurs tentent maintenant d'atteindre en imposant et en appliquant des injections qui mettent la vie en danger ? C'est une théorie du complot, certes, mais combien de "complots" se sont révélés être la vérité depuis 2020 seulement ?

Torches et fourches

Je demande des torches et des fourches en 2022", écrit l'animateur de radio américain Hal Turner. Et cela, selon un milliardaire néo-zélandais anonyme, est exactement l'intention des plus hauts échelons de l'élite mondialiste, à savoir que les peuples enragés - les vaxxers qui tombent malades et meurent en masse, ainsi que les non-vaxxers qui voient leurs pays délibérément détruits - se retournent à l'unisson contre leurs propres gouvernements et mettent fin à la situation. Le chaos total qui s'ensuivrait serait alors utilisé pour présenter un "gouvernement mondial" qui rétablirait l'ordre et mettrait fin à toute misère.

Il n'est pas encore possible de dire s'il y a une part de vérité dans ce " complot ", mais jusqu'à présent, tout se déroule exactement selon le scénario allégué. En tout cas, la période 2022-2025 va être d'une intensité sans précédent, pour tout le monde. Je souhaite donc à tous les lecteurs une nouvelle année en toute sécurité. Et restez (dans la mesure où cela est en votre pouvoir) EN SANTÉ - vous savez maintenant ce que vous devez faire pour y arriver, et surtout : ce que vous devez laisser de côté.

De la poudre aux yeux ?

La fin du cycle de 12 000 ans est confirmée : " La terre tremble de sa place " (Isaïe 13) devient une réalité dans les 15 à 20 ans (mais peut-être dès 2 à 8 ans).

Les signes dans notre propre système solaire sont stupéfiants : la "tempête noire" sur Neptune s'est inversée ; la planète naine Pluton a perdu 20% de son atmosphère en seulement 2 ans, et des changements majeurs dans la fameuse "tache rouge" sur Jupiter montrent que le prochain mouvement de vague cosmique de la "nappe de courant galactique" électromagnétique, dont nous avons parlé précédemment, n'est pas seulement arrivé mais s'accélère vers son apogée. Le champ magnétique protecteur de notre planète décline maintenant si rapidement que dans 20 ans au plus, mais très probablement beaucoup plus tôt (2030 / 2025 ou même avant), ce sera la fin de l'histoire pour l'humanité. Remarque : il ne s'agit plus d'une "théorie du complot", mais d'un avenir proche inévitable, étayé par des faits scientifiques.

Depuis quelque temps, je suis la chaîne YouTube 'Suspicious Observers', animée par un universitaire qui se base sur des enquêtes scientifiques menées par des chercheurs reconnus, à qui la parole est régulièrement donnée. Un nouveau docu-film d'une heure et demie, " The Earth Disaster Documentary ", cite et résume les éléments clés de plusieurs dizaines de vidéos précédentes. Bien que je l'aie couvert plus souvent (voir, entre autres : Les scientifiques préviennent d'une vague cosmique ET d'une super éruption solaire en 2023 - (30 juin)), il y a maintenant suffisamment de preuves pour conclure que la "fin du monde", l'"Apocalypse", qui a été prédite à tort tant de fois, est maintenant vraiment très proche.

Au début du siècle, la NASA a confirmé que le champ magnétique de la Terre avait diminué de 10 % en environ 150 ans. À ce rythme, nous n'aurions pas eu de problèmes avant longtemps. Mais à peine 10 ans plus tard, des collègues européens de l'ESA ont constaté que 5 % supplémentaires avaient disparu dans ce laps de temps très court, d'où une accélération gigantesque. En 2020, le déclin total était déjà d'au moins 20 %. Il y a des indications claires que cela va maintenant si vite que le champ magnétique perd 5% de sa force chaque année maintenant ou dans un futur proche.

Tragiquement, nous allons voir le Big One.

Tragiquement, nous, qui vivons aujourd'hui, sommes ceux qui connaîtront le "Big One"", commence Ben Davidson, qui, ces dernières années, a fait l'objet d'un certain nombre de tentatives de démystification, mais dont les dernières recherches menées par des scientifiques spécialisés dans les systèmes et les revues professionnelles lui donnent rapidement raison.

Les ondulations de la "nappe de courant galactique" électromagnétique, à laquelle nous sommes confrontés tous les 12 000 ans.

(Selon lui, la seule raison pour laquelle ce sujet est appelé pseudo-science est principalement due à l'agent de la CIA Charles Hapgood, qui s'est fait passer pendant des années pour un professeur et a réussi à faire disparaître des siècles d'études et un grand nombre de preuves pour les remplacer par une "réalité" scientifique prescrite, aujourd'hui démystifiée. Ceci était manifestement destiné à maintenir la population mondiale dans l'ignorance).

Davidson parle de la fin du cycle cosmique de 12 000 ans, après lequel la prochaine "fin du monde" se produit toujours. Et ce n'est pas de la science-fiction. Nous sommes TOUS les acteurs clés du "scénario catastrophe" que nous allons vivre dans les années à venir. Et le soleil joue le rôle du destructeur". Davidson souligne que toutes les preuves indiquent qu'une "micronova" solaire est une "conséquence presque inévitable" du voyage du système solaire dans la Voie lactée.

Le renversement rapide des pôles a bouleversé le climat.

Une inversion des pôles magnétiques peut se produire en 80 ans (Cal. Berkeley). L'inversion actuelle, établie de manière concluante, a commencé il y a plus de deux fois plus longtemps. La planète se trouve maintenant dans la "zone rouge" où ce processus s'accélère vers un point culminant. Ce point culminant est le renversement final lui-même, qui, dans un passé lointain, a été si soudain et si puissant que les archives fossiles ont montré des animaux congelés debout, et des restes de plantes fraîches trouvés dans leurs estomacs.

Quelques-uns des nombreux autres exemples : Du corail tropical a été trouvé sous l'Antarctique, ce qui prouve que le pôle Sud n'a pas toujours été à cet endroit. (Il existe également de très anciennes cartes montrant l'Antarctique sans couverture de glace). On a découvert que les arbres préhistoriques gelés du Spitzberg (Norvège) n'avaient pas de cernes, et il n'y a qu'un seul endroit sur terre où il n'y a pas de saisons : autour de l'équateur. À un kilomètre sous la calotte glaciaire du Groenland, on a trouvé des plantes appartenant à un climat doux, ce qui suggère que la glace à cet endroit a autrefois complètement fondu. Des œufs de dinosaures ont également été trouvés dans l'Arctique (ce qui est impossible pour des animaux à sang froid, à moins que le climat ait été très différent).

Un événement de niveau d'extinction se produit tous les 10 000 à 12 000 ans.

Le Pentagone sait depuis 1946 que lors d'une inversion des pôles "magnétiques", l'axe de la Terre s'incline de 89 degrés, puis se retourne sur une longue période. Une telle inclinaison provoque non seulement un refroidissement global et une nouvelle ère glaciaire, mais aussi d'énormes changements géographiques ; les montagnes sont littéralement arrachées de leur emplacement, et de nouvelles se forment ailleurs. Les carottes de glace et les forages dans le sol font

apparaître un cycle de 10 000 à 12 000 ans, après lequel
un tel renversement polaire ébranle littéralement la
planète entière jusqu'à ses fondations, et pratiquement
toute vie est anéantie.

Une micronova - dont l'existence (sur de nombreuses
étoiles) est confirmée dans le document du Dr August
Dunning de CalTech (ex-NASA, ex-JPL) - peut
temporairement arrêter ou même inverser la rotation
de la terre, comme le décrit la Bible et comme le
rapportent de nombreuses autres cultures anciennes.
Les anciens écrits péruviens parlent d'une nuit qui a
duré 20 heures (alors que dans la Bible, c'est-à-dire en
Israël, on trouve des récits du contraire, c'est-à-dire
d'un jour qui a duré beaucoup plus longtemps que la
normale).

Une prophétie de fin des temps bien connue des
Indiens Hopi affirme qu'une "étoile bleue" dans le ciel
annoncera la fin du monde actuel.

Le champ magnétique a déjà diminué d'au moins 20%.

Le champ magnétique a maintenant diminué d'au moins
20%. Le pôle nord et le pôle sud (qui a maintenant
quitté le continent de l'Antarctique) se rapprochent l'un
de l'autre à une vitesse toujours plus grande. Il ne s'agit
pas d'un déplacement normal des pôles, mais d'une
véritable inversion", a poursuivi Davidson, soulignant
que la diminution est désormais d'au moins 5 % par
décennie, et que le chef de la mission "Swarm" de l'ESA,

67

Rune Floberghagen, l'a reconnu dès 2014 (ce qui lui a coûté son poste).

Le point probable de "collision" des pôles se situe juste à l'ouest de l'Indonésie (très proche du dernier point où le radar avait encore un contact avec le vol MH370, avant qu'il ne disparaisse sans laisser de trace en 2014).

Le Dr James Channell, professeur honoraire de doctorat (Université de Floride), confirme que l'existence de ces "excursions magnétiques" est désormais largement reconnue dans la littérature scientifique. Ces déplacements et inversions magnétiques 'sont de très courte durée', et s'accompagnent d'un champ magnétique affaibli. Et 'on obtient alors un rayonnement UV plus puissant' sur la Terre.

Les gouvernements en savent-ils plus qu'ils ne nous en disent ?

Davidson : "Les gouvernements de la Chine et des États-Unis en savent-ils plus ? Toutes les informations que je partage sur cette chaîne ont été publiées dans de grandes revues scientifiques, en admettant que j'ai relié ces points moi-même, et que j'ai essayé de combler les lacunes manquantes avec les ressources dont les chercheurs ne disposaient pas dans le passé. Quoi qu'il en soit, il semble certain que la CIA l'a compris il y a des décennies.

C'est une question de survie, et c'est la seule bonne nouvelle que je puisse apporter à ce documentaire. En effet, il existe des preuves que la population s'est retirée en masse dans des grottes et des tunnels. Plusieurs fois en fait. Le fait que nous soyons ici maintenant prouve que nous avons survécu, et que nous sommes revenus à la surface."

Il est de notoriété publique qu'un énorme réseau souterrain de tunnels et de bases a été construit aux États-Unis après la Seconde Guerre mondiale, bien plus complexe et plus vaste que ce dont les militaires auraient jamais eu besoin (voir ces cartes non officielles. Par ailleurs, l'existence de nombreux complexes souterrains présentés ici (qui ne représentent probablement qu'une fraction de ce qui a été construit) a été confirmée par le gouvernement).

Douglas Vogt (Fondation Diehold), qui écrit depuis des années, sur la base de recherches censurées, qu'il y aura une nova sur le soleil en 2046 : "Le gouvernement américain sait que le soleil va devenir nova, cela ne fait aucun doute. Ils veulent juste que vous ne le sachiez pas... Ils donnent désespérément toutes les autres explications possibles (notamment le canular du CO2/changement climatique - X.) juste pour vous empêcher de regarder le soleil."

Catastrophisme confirmé sur terre et dans le système solaire

Depuis l'année dernière, de nombreuses études et articles commencent à confirmer les théories "catastrophistes" de Davidson. Plusieurs exemples sont montrés dans le docu, comme une étude de l'université de Leiden (Observatoire de Leiden) qui affirme que les planètes peuvent survivre même à une supernova (sans parler d'une micronova). Il y a un an, d'autres scientifiques ont constaté que la durée d'un jour a littéralement "raccourci" : la rotation de la Terre a augmenté au point qu'en 2020, les 28 jours les plus courts depuis 1960 ont été mesurés. En 2021, cette accélération s'est poursuivie.

Outre les événements soudains majeurs sur les planètes de notre système solaire (le "vortex sombre" sur Neptune qui s'est inversé, la diminution de 20 % de l'atmosphère de Pluton et les changements chimiques importants (hélium) dans le vent solaire), il existe également de nombreux signaux visibles sur Terre, comme les 2 millions de décharges de foudre dénombrées dans le Michigan l'année dernière, soit un tiers de plus que la normale. Des rapports similaires sont apparus dans le monde entier, notamment dans la région arctique, où l'énergie solaire pénètre le plus facilement dans l'atmosphère. Deux nouveaux types de décharges de foudre ont également été observés au-dessus des régions montagneuses et dans les tempêtes hivernales.

Certaines parties du monde animal sont beaucoup plus sensibles aux changements magnétiques. Par exemple, en août, des orques près de l'Espagne ont fait preuve d'un comportement inhabituellement agressif en attaquant et en endommageant en masse des bateaux dans des eaux où elles se rendent normalement rarement.

Signes et preuves que "la prochaine fin du monde" est arrivée.

Et que dire de l'article de Science du 19 février 2021 "A Global Climate Crisis 42,000 Years Ago", qui soutient que nous sommes maintenant dans la prochaine crise (non pas grâce à l'action humaine, mais grâce au soleil). Les changements de modèle indiquent un point culminant dans seulement 20 à 30 ans (au maximum). Presque tous les points majeurs de notre livre "La prochaine fin du monde" ont été confirmés ou approfondis dans les six mois. Les étoiles proches, les planètes (par exemple, un nombre étonnamment élevé de tremblements de terre martiens a été mesuré), le soleil, notre propre planète, tous requièrent notre attention.

L'année dernière, nous avons assisté à des aurores extraordinaires, à de grands glissements de terrain (pour lesquels les gens ont essayé d'accuser les agriculteurs), à la preuve que la luminosité de l'étoile voisine de Barnard a été modifiée non pas par une planète (comme on le prétendait auparavant), mais par des changements sur l'étoile elle-même, et à la preuve de super-éclairs provenant d'un autre "voisin" du soleil, Wolf 359. Au cours de la décennie précédente, nous avons assisté à des phénomènes violents similaires dans le système de Proxima Centauri, l'étoile la plus proche du Soleil (4,2 années-lumière).

71

De nombreuses études suggèrent que la diminution du champ magnétique provoque déjà des changements majeurs dans toutes les couches de l'atmosphère (comme l'affaiblissement rapide de la couche d'ozone), malgré le fait que l'activité du soleil lui-même ait diminué (minimum solaire). Une étude EPP (Earth & Planetary Physics) a également établi un lien direct entre les changements de CO2 et l'affaiblissement du champ magnétique, la VRAIE cause du "changement climatique".

(Note latérale intéressante : selon une nouvelle étude, la quantité d'eau sous la couche supérieure de la croûte terrestre est inimaginablement plus importante que ce que l'on pensait auparavant. Cela pourrait expliquer où est allée l'eau du déluge).

Les scientifiques savent maintenant ce qui va se passer.

Quelle est la raison pour laquelle les modèles de catastrophisme de Davidson, écartés pendant des années, sont maintenant soudainement étudiés si largement et si sérieusement, et confirmés (en tout ou en partie) par les meilleurs scientifiques absolus et les principales institutions de recherche ? Deux réponses. Premièrement, de plus en plus de scientifiques voient la lumière et commencent à comprendre. Je suis en contact hebdomadaire avec des dizaines d'entre eux, travaillant dans de nombreuses universités et organisations. Ils savent ce qui s'en vient. Ils savent ce

qu'ils peuvent publier maintenant. Il y a une
reconnaissance écrasante maintenant".

La deuxième raison, c'est vous. C'est vous qui
provoquez ces changements". Les chercheurs et les
revues se sont intéressés au fait qu'un nombre de plus
en plus important de personnes souhaitaient en savoir
plus sur ce sujet, ont commencé à regarder les vidéos
en masse, à lire les études à ce sujet et à partager ces
informations entre elles et avec d'autres.

**Diminution de 5 % par an = fin entre 2025 et 2030,
peut-être même avant.**

Une simulation de la NASA montre comment les
"coques L" (les champs magnétiques plus petits qui
s'étendent jusqu'à des altitudes plus basses, dont le
plus bas a diminué de 500 kilomètres en un an
seulement) réagiront à une super tempête solaire.

Davidson : "Cela va être amusant sur Terre, n'est-ce pas
? En outre, de plus en plus d'études publiées dans des
revues faisant autorité confirment que les
renversements polaires ne se produisent pas
silencieusement (comme on l'a longtemps prétendu),
mais sont en fait toujours des E.L.E. : Extinction Level
Events. Pendant que nous crions tous au sujet du Covid
et du changement climatique, CELA se produit
maintenant dans le monde entier. Les gens, nous avons
de gros problèmes. Rappelez-vous que la science
officielle dit maintenant qu'une fois que cela arrive, cela

73

arrive RAPIDEMENT - presque 100 fois plus vite que les 5% par siècle de la NASA.

C'est extraordinairement extrême, et cela représente une baisse de 5 % par an, soit 1 % tous les 72 jours. Il faut ensuite plusieurs années au mieux, et ce n'est pas une blague. À 5 % par décennie, nous en sommes déjà à une réduction de 20 % ou plus. Et si le champ magnétique s'accélère à nouveau, c'est une très mauvaise nouvelle. Il est très probable qu'en 2019 et 2020 (lors d'un 'choc géomagnétique' identifié par Swarm), cette accélération a en effet déjà eu lieu."

Le point où les différentes lignes colorées se séparent est celui où nous sommes maintenant. Ma meilleure estimation est que nous finirons quelque part entre la ligne orange et la ligne verte". C'est-à-dire entre 2030 et 2046. Remarque : c'est à ce moment-là que se situe la fin absolue - l'effondrement de la civilisation commence (beaucoup) plus tôt, vraisemblablement plusieurs années après, notamment parce que notre société est devenue tellement dépendante de l'électricité et que le champ d'affaiblissement (à -50 % ? peut-être -30 % ?) ne sera plus en mesure de protéger nos systèmes. Cela signifie que la fin potentielle de notre civilisation pourrait survenir dès 2025 (ou même peu avant). Avec un peu de chance, nous avons encore quelques années devant nous.

Bien sûr, cela ne sera jamais annoncé officiellement, car cela provoquerait une panique générale. Il y a fort à parier que l'on parlera de "théorie du complot" (et que l'on rejettera la faute sur le canular du CO2/changement climatique) aussi longtemps qu'il le faudra, jusqu'à ce que l'impact énorme soit indéniable.

L'élite se retranche ou s'échappe dans l'espace

Depuis 2020 et 2021, tous ceux qui ont encore un cerveau en état de marche se rebellent contre tout ce qui se fait actuellement (plandémie corona, Agenda-2030, Great Reset, Green New Deal, etc.) pour contrôler totalement l'humanité et l'éloigner de la vérité.) pour contrôler totalement l'humanité et l'éloigner de la vérité. Cette vérité, d'ailleurs, est bien connue de l'élite ; ce n'est pas pour rien que l'homme le plus riche du monde, Jeff Bezos, est près de sa rampe de lancement au Texas, en train de creuser une montagne pour s'y cacher une fois que la catastrophe cosmique aura frappé notre planète.

Et pourquoi Elon "Tesla" Musk est-il si préoccupé par les mêmes choses : creuser des tunnels ou s'échapper dans l'espace ? Le nombre de milliardaires et de célébrités (George Clooney, Lady Gaga, Kim Kardashian, entre autres) qui s'apprêtent à acheter et à faire construire des bunkers de survie (qu'ils n'appellent bien sûr pas littéralement ainsi) augmente rapidement. 'Dans ce qu'ils font, vous voyez ce que vous feriez si vous aviez leur argent, et si vous saviez ce qui allait arriver.'

Les yeux ouverts, pas de peur", c'est ainsi que Davidson termine toutes ses vidéos. Historiquement, il est possible de survivre à une telle catastrophe

75

cataclysmique (sinon nous ne serions pas là aujourd'hui), mais ils seront très peu nombreux. En plus d'une préparation coûteuse et ardue et de l'accumulation de connaissances et de techniques pour survivre sans électricité, il faut également disposer d'une voie d'évacuation vers un espace profondément souterrain, où l'on devrait pouvoir rester en sécurité pendant un certain temps. Pour 99 % de l'humanité, ce n'est de toute façon pas réaliste, d'autant plus qu'il ne restera plus de temps pour prendre et exécuter des décisions drastiques une fois que tout aura commencé.

D'anciennes prophéties annoncent exactement ce qui va se passer.

Les croyants et les connaisseurs de la Bible ne devraient pas être surpris, car de nombreuses prophéties annoncent tout ce qui est décrit dans cet article :

Mais le jour du Seigneur viendra comme un voleur. En ce jour-là, les cieux passeront avec fracas, les éléments périront par le feu, et l'on retrouvera la terre et les oeuvres qui sont sur elle. (2 Pierre 3:10)

"Je rendrai les mortels plus rares que l'or purifié et les hommes plus rares que l'or fin d'Ofir. C'est pourquoi je ferai vaciller les cieux et trembler la terre de sa place, à cause de la colère du Seigneur des armées, aux jours de son ardente fureur. (Isaïe 13:12-13)

Et les cieux se retirèrent comme un rouleau qu'on enroule, et toute montagne et toute île furent arrachées de leur place. Et les rois... et les supérieurs... et les riches et les puissants, et tous les esclaves et les hommes libres, se cachèrent dans les cavernes et les rochers des montagnes...". (Apocalypse 6:14-15)

Car ainsi parle le Seigneur des armées : Un moment encore, un court moment, puis je ferai trembler le ciel et la terre, la mer et la terre sèche. (Aggée 2:7)

La terre éclate, la terre tremble, la terre chancelle, la terre chancelle comme un ivrogne, elle se balance comme une morelle, car sa faute pèse sur elle, elle tombe et ne se relève pas. (Isaïe 24:19-20)

Les poissons de la mer, les oiseaux du ciel, les bêtes des champs, tous les reptiles qui rampent sur la terre et tous les hommes qui vivent sur la terre trembleront devant moi. (Ezéchiel 38:20)

Pour s'en sortir, l'élite peut oublier, mais il y a un espoir

Et il arrivera que celui qui fuira devant le bruit effrayant tombera dans la fosse, et que celui qui sortira de la fosse sera pris au piège ; les vannes des hauteurs s'ouvriront, et les fondements de la terre trembleront. (Esaïe 24:18)

Eh bien, vous, les riches, pleurez et lamentez-vous sur les calamités qui vont vous frapper. Votre richesse est pourrie... votre or et votre argent sont rouillés, et leur rouille témoignera contre vous et consumera votre chair comme un feu. Tu es allé amasser des trésors, alors que ce sont les derniers jours... tu as vécu somptueusement sur la terre et tu t'es fait plaisir... tu as condamné les justes, tu les as tués ; il n'y a pas de défense contre toi". (Jacques 5:1-6)

En ces jours-là, le Seigneur frappera les rois de la terre, sur toute la surface de la terre. Ils seront rassemblés, comme on rassemble des prisonniers dans une fosse, et qu'on les enferme dans un cachot ; et après bien des jours, ils seront visités. (Esaïe 24:21-22)

Cependant, il y a aussi de l'espoir, car le cycle semble maintenant toucher à sa fin définitive. Il n'y aura pas de nouvelle période de 12 000 ans avant le prochain ELE :

Sa voix a alors fait trembler la terre, mais maintenant il a fait une promesse, en disant : Une fois de plus, j'ébranlerai non seulement la terre, mais aussi les cieux. Il s'agit, une fois de plus, du changement de ce qui vacille, comme d'une chose simplement créée, afin que ce qui ne vacille pas demeure. (Hébreux 12:26-27)

Et je vis un nouveau ciel et une nouvelle terre, car le premier ciel et la première terre avaient disparu... Il essuiera toute larme de leurs yeux, et la mort ne sera plus, et il n'y aura plus ni deuil, ni cri, ni angoisse, car les premières choses ont disparu. Et Celui qui était assis sur le trône dit : Voici, je fais toutes choses nouvelles. (Apocalypse 21)

La rédemption finale promise semble donc imminente, mais d'ici là, nous devrons nous armer de courage et de persévérance - sans compter que nos propres "rois" sont occupés à mener leurs politiques pour faire de nos vies un véritable enfer dans les années à venir.

L'euthanasie légale ?

La vie humaine est de moins en moins appréciée à un rythme rapide - Quel est le *problème avec l'humanité, pour qu'un culte de la mort soit suivi si massivement ?*

Le ministère néo-zélandais de la santé a confirmé que le Covid-19 est une raison légale de commettre une euthanasie, et que les médecins peuvent décider eux-mêmes de coopérer ou non. Au début du mois, la Suisse a fait parler d'elle pour avoir mis au point une capsule de suicide qui, contrairement à ce que disent les médias, n'a pas encore été approuvée.

Un signe encore plus inquiétant de l'existence d'un véritable culte de la mort dans le monde est le fait étonnant que très peu de gens semblent se soucier des millions de victimes du Covid-vax (morts, handicapés et malades) qui ont été tués en à peine un an. En fait, l'appel pour que tout le monde reçoive obligatoirement ces injections mortelles est de plus en plus fort, surtout en politique.

En réponse à une demande de WOB formulée en novembre par le journal néo-zélandais The Defender, qui souhaitait savoir si les patients atteints de la maladie de Covid-19 pouvaient bénéficier de l'euthanasie, le ministère de la Santé a répondu que l'octroi d'une telle demande était "déterminé au cas par cas". Par conséquent, le ministère ne peut pas faire de déclarations définitives sur les personnes éligibles. Dans certaines circonstances, une personne atteinte de la

maladie de Covid-19 peut être éligible au suicide
assisté".

L'un des critères importants pour l'euthanasie en
Nouvelle-Zélande est que le demandeur en question
ressent lui-même ses souffrances comme intolérables.
En outre, il doit s'agir d'une "maladie en phase
terminale", mais au vu des événements survenus depuis
2020, l'interprétation de la notion de "maladie en phase
terminale" est devenue particulièrement vague
lorsqu'un virus respiratoire banal, dont l'IFR de type
grippal n'est que de 0,15 % (0,05 % jusqu'à l'âge de 70
ans), a été (et est toujours) présenté de manière
excessive comme un "virus tueur" mettant la vie en
danger.

Une porte grande ouverte aux abus

DefendNZ estime donc que les critères vagues et larges
de la loi sur l'euthanasie adoptée en 2020 ont " ouvert
la porte aux abus ", et que la " pandémie de Covid-19 "
est devenue potentiellement " encore plus dangereuse
" en conséquence. Les chiffres de la Nouvelle-Zélande
montrent d'ailleurs le contraire de " dangereux " :
depuis fin mars, 51 décès dus au Covid ont été
enregistrés, sur une population de 5 millions
d'habitants, soit 0,001 %. À titre de comparaison, 239
personnes sont mortes dans la circulation au cours de la
même période).

Bien qu'il ne soit pas directement décrit comme tel, cet
abus est évident : il est désormais beaucoup plus facile

pour les médecins, sous couvert de Covid-19, d'endormir des personnes faussement convaincues par toute la propagande qu'elles souffrent d'une maladie très grave. Peut-être même pire, il pourrait théoriquement couvrir les victimes de vaccins.

Capsule de suicide

Le fait que la vie humaine est rapidement considérée comme ayant de moins en moins de valeur est également démontré par une capsule de suicide construite en Suisse. La "Sarco" imprimée en 3D a été développée par Exit International et le militant de l'euthanasie Philip "Dr. Death" Nischke, et a été conçue par Alexander Bannink. Une personne qui souhaite mettre fin à sa vie peut faire placer la capsule dans son endroit préféré, s'y asseoir, puis, en appuyant sur un bouton, la faire remplir d'azote. La personne s'endort au bout de 30 secondes environ et meurt (apparemment) sans douleur en quelques minutes.

Contrairement à ce que de nombreux médias ont rapporté, cette capsule de suicide, qui peut immédiatement être utilisée comme cercueil après la mort, n'a pas encore été approuvée par les autorités suisses. Toutefois, des essais avec elle seront entrepris à partir de 2022.

Depuis des années, la Suisse est une destination de plus en plus prisée par les étrangers qui souhaitent quitter la vie "sans encombre". Le pays alpin n'a pas de loi spéciale sur l'euthanasie, mais ses lois et règlements sont si larges qu'elle n'est pas interdite. L'année dernière, environ 1 300 personnes ont mis fin à leur existence terrestre en Suisse.

La vie humaine perd rapidement de sa valeur

Le monde semble donc se diriger peu à peu vers le roman de science-fiction "Logan's Run" (1967), qui a été tourné en 1976 et traite d'une société future dans laquelle les ressources et la consommation sont strictement réglementées par l'euthanasie obligatoire de tous ceux qui atteignent l'âge de 30 ans. Pour l'instant, "Logan's Run" est encore loin, mais l'histoire récente montre que beaucoup de choses peuvent changer en très peu de temps. En 2009, les vaccins contre la grippe porcine ont été retirés aux États-Unis après " seulement " 25 décès, en partie à cause de la réaction intense du public et des médias.

D'ici la fin de l'année 2021, officiellement, près de 1 000 fois plus d'Américains seront morts des suites des injections de Covid, et une multitude d'entre eux auront subi de graves dommages (souvent permanents) pour leur santé. Pourtant, les politiciens, les médias et une grande partie de l'opinion publique font tous pression pour que ces "injections mortelles" soient rendues obligatoires. Le fait de tuer ou d'endommager (indirectement) un autre être humain est apparemment devenu soudainement beaucoup plus acceptable.

Dans l'UE, selon la base de données officielle EudraVigilance, le 18 décembre, le compteur s'élevait à

34 337 décès dus à une "vaccination" Covid et à 3 120 439 blessés, dont environ la moitié étaient graves et/ou permanents (y compris des troubles auto-immuns et des handicaps tels que la perte de membres, la cécité, la surdité, etc. Comme les Pays-Bas représentent 21% des rapports, ce sont 7210 compatriotes qui sont morts d'une "vaccination" Covid-19 depuis le début de cette année.

Capsule de suicide

Le fait que la vie humaine est rapidement considérée comme ayant de moins en moins de valeur est également démontré par une capsule de suicide construite en Suisse. La "Sarco" imprimée en 3D a été développée par Exit International et le militant de l'euthanasie Philip "Dr. Death" Nischke, et a été conçue par Alexander Bannink. Une personne qui souhaite mettre fin à sa vie peut faire placer la capsule dans son endroit préféré, s'y asseoir, puis, en appuyant sur un bouton, la faire remplir d'azote. La personne s'endort au bout de 30 secondes environ et meurt (apparemment) sans douleur en quelques minutes.

Contrairement à ce que de nombreux médias ont rapporté, cette capsule de suicide, qui peut immédiatement être utilisée comme cercueil après la mort, n'a pas encore été approuvée par les autorités suisses. Toutefois, des essais avec elle seront entrepris à partir de 2022.

Depuis des années, la Suisse est une destination de plus en plus prisée par les étrangers qui souhaitent quitter la vie "sans encombre". Le pays alpin n'a pas de loi spéciale sur l'euthanasie, mais ses lois et règlements sont si larges qu'elle n'est pas interdite. L'année dernière, environ 1 300 personnes ont mis fin à leur existence terrestre en Suisse.

La vie humaine perd rapidement de sa valeur

Le monde semble donc se diriger peu à peu vers le roman de science-fiction "Logan's Run" (1967), qui a été tourné en 1976 et traite d'une société future dans laquelle les ressources et la consommation sont strictement réglementées par l'euthanasie obligatoire de tous ceux qui atteignent l'âge de 30 ans. Pour l'instant, "Logan's Run" est encore loin, mais l'histoire récente montre que beaucoup de choses peuvent changer en très peu de temps. En 2009, les vaccins contre la grippe porcine ont été retirés aux États-Unis après " seulement " 25 décès, en partie à cause de la réaction intense du public et des médias.

D'ici la fin de l'année 2021, officiellement, près de 1 000 fois plus d'Américains seront morts des suites des injections de Covid, et une multitude d'entre eux auront subi de graves dommages (souvent permanents) pour leur santé. Pourtant, les politiciens, les médias et une grande partie de l'opinion publique font tous pression pour que ces "injections mortelles" deviennent obligatoires. Le fait de tuer ou d'endommager

85

(indirectement) un autre être humain est apparemment devenu soudainement beaucoup plus acceptable.

Dans l'UE, selon la base de données officielle EudraVigilance, le 18 décembre, le compteur s'élevait à 34 337 décès dus à une "vaccination" Covid et à 3 120 439 blessés, dont environ la moitié étaient graves et/ou permanents (y compris des troubles auto-immuns et des handicaps tels que la perte de membres, la cécité, la surdité, etc. Comme les Pays-Bas représentent 21% des rapports, ce sont 7210 compatriotes qui sont morts d'une "vaccination" Covid-19 depuis le début de cette année.

À quand remonte la dernière fois où autant de personnes ont été tuées (soit directement, soit avec un "retard") par les actions actives d'autres personnes ? Il faut remonter à la Seconde Guerre mondiale, qui a fait environ 250 000 victimes, dont des soldats et plus de 100 000 Juifs.

Des millions de morts n'ont guère d'impact

Officiellement, nous sommes loin de ce chiffre (encore), mais il faut savoir qu'il y a quelques années, après des recherches statistiques approfondies, il a été établi que la base de données EudraVigilance ne reflète que 6 % du nombre réel de victimes. La base de données américaine VAERS fait encore pire, avec 1%. Cela vous donne une image plus précise du carnage massif qui se déroule actuellement, mais dont presque personne ne semble vraiment se soucier, surtout en politique (à quelques exceptions près).

Maintenant qu'il semble n'y avoir eu aucune surmortalité l'année dernière, et que le nombre d'admissions à l'hôpital ou à la clinique a été inférieur à celui des 7 années précédentes, plus de 7 200 personnes ont donc reçu un stimulus de mort, tout à fait inutilement. (Indépendamment de la question de savoir si une telle injection est jamais utile ou judicieuse). Toutes ces personnes auraient pu et dû vivre. Pitié piquante" a été élu "mot de l'année" par une énorme majorité, mais où sont les protestations ? Où est la colère populaire ? Même dans la section "éveillée", je détecte une résignation parfois déconcertante à ce sujet.

L'analyste entrepreneurial Erik Boosma est l'un de ceux qui se sentent choqués par cette situation. Début décembre, il a converti les statistiques officielles de l'UE en chiffres réels les plus probables et, en onze mois, il est parvenu au chiffre stupéfiant de 6,2 millions de décès dus à la vaccination dans le monde, soit plus que le nombre de Juifs assassinés pendant l'Holocauste. Et cela pour une soi-disant "pandémie" qui, même selon le British Medical Journal de renommée mondiale, n'existe qu'à la télévision et sur le tableau de bord corona.

Qu'est-ce qui se passe avec l'humanité ?

Que diable (sérieusement !) se passe-t-il avec l'humanité ? Comment tant de gens ont-ils pu se laisser effrayer à mort et accepter si facilement ce qui est en fait un culte de la mort mondial, avec des atrocités paradisiaques telles que l'injection d'enfants, qui ont eux-mêmes un risque ZÉRO de maladie grave et de mort à cause du Covid, mais dont il a été démontré qu'ils souffrent énormément de ces injections de manipulation génétique qui mettent leur vie en danger ?

N'est-ce pas encore pire que l'attitude du peuple allemand dans les années 30 et 40, pour qui il était beaucoup plus facile de fermer les yeux parce que les meurtres de masse perpétrés par les nazis avaient lieu principalement à l'abri des regards et derrière des barbelés, et concernaient également des "groupes cibles" (ethniques, religieux et sociaux) spécifiques ?

Une hypnose et une psychose collectives de masse semblent s'être emparées de la majorité de la population mondiale. L'humanité et l'empathie se sont révélées être une mince couche de civilisation, qui a disparu comme neige au soleil à la moindre brise et a fait place à la peur et à l'auto-préservation extrêmement égoïste (et totalement déplacée), qui, avec des termes faux comme "seulement ensemble", est présentée comme une nouvelle "vertu" à laquelle chacun doit participer pour être "accepté" et conserver sa liberté.

Une planète pleine de monstres

Je ne sais pas comment vous le vivez, mais personnellement, à l'aube de 2022, je ne peux rien faire d'autre que de conclure que je semble vivre sur une planète pleine de monstres sans scrupules, qui s'efforcent de traquer les rares personnes qui ont encore un peu de lumière en elles et qui, à terme, voudront aussi les éliminer.

Non, ce n'est pas un message optimiste si proche de la nouvelle année - et je suis très heureux qu'on me prouve que j'ai tort sur ce point ! -mais les lecteurs réguliers savent certainement maintenant que je n'aime pas les paroles en l'air, les gants de velours, les prétextes et l'optimisme creux "derrière les nuages et le soleil". Si vous préférez cela, il y a bien assez d'autres sites, d'écrivains, de journalistes et de commentateurs pour cela.

Si vous pouvez le supporter, préparez-vous, car l'article de fin d'année prévu pour demain contiendra un message encore plus dur - et scientifiquement fondé.

Appeler les autorités ?

En Allemagne, un centre d'aide pour les familles et les amis des théoriciens du complot a été créé, soi-disant parce que ces derniers mettraient leurs relations à rude épreuve en raison de leurs opinions dissidentes. Le seul problème est que la vérité est manifestement légèrement différente : ce sont précisément les "théoriciens du complot" qui ont eu raison à maintes reprises, et ce sont leurs familles et amis qui ont succombé mentalement à la propagande constante du gouvernement et des médias grand public, perdant ainsi complètement de vue la réalité. Il devrait donc plutôt y avoir un point d'aide pour ces personnes crédules, avec le même type de programme que celui que suivent les anciens adeptes de la secte pour restaurer leur pensée lavée au cerveau.

Collègues, amis ou membres de la famille qui peuvent passer à côté des vaccins comme d'une rage de dents ou voir la main de Bill Gates ou de Georges Soros dans tout..... Les théoriciens de la conspiration considèrent que chaque évolution de la pandémie fait partie d'un plan plus vaste", écrit le Standard belge. Cela met tellement à mal les amitiés et les relations qu'à Potsdam (Berlin), le Demos-Institut für Gemeinwesenberatung a été créé, officiellement pour rétablir les liens entre croyants et non-croyants.

Cela pourrait théoriquement être fait d'une manière beaucoup plus simple, par exemple si les membres de la secte Covax vérifiaient combien de fois, au cours des deux dernières années seulement, les grands médias se sont trompés et leurs parents et amis "conspirationnistes" ont eu raison.

La dépopulation n'est pas encore prouvée

La plus grande "théorie du complot" non prouvée, et de loin, est que les injections font partie d'un programme de dépeuplement visant à réduire la population mondiale à un maximum de 1,5 milliard de personnes (Agenda 2030). Les "vaccins" seraient conçus de manière à causer un maximum de dommages et à tuer des milliards de personnes au bout de deux ou trois ans.

Bien sûr, je continuerai à espérer et à prier pour que cela reste une théorie, mais jusqu'à présent, de plus en plus de choses indiquent que cela pourrait devenir une réalité dans les années à venir. De nombreux scientifiques, médecins et experts avertissent depuis un certain temps qu'un massacre inimaginable par les injections n'est certainement pas inconcevable. Même le professeur Christian Personne, ex-VP du Groupe consultatif européen d'experts en immunisation de l'OMS, a littéralement averti que "ce ne sont pas les personnes non vaccinées qui sont dangereuses, mais les personnes vaccinées. Celles-ci représentent un danger pour les autres et devraient être mises en quarantaine si elles ne veulent pas tomber gravement malades".

Nouvelle règle du pouce : Le contraire de ce que l'on vous dit est généralement vrai.

S'il y a une chose que les personnes ayant encore un brin d'indépendance et d'esprit critique ont vu se confirmer à maintes reprises depuis 2020, c'est que l'on ne peut plus faire confiance une seule seconde aux grands médias et qu'ils ne font que diffuser de la propagande d'État, et que, ce faisant, ils sont devenus eux-mêmes les plus grands promoteurs de conspirations. Promoteurs, parce que la réalité de ces "conspirations" peut simplement être relue dans les publications officielles de, par exemple, le World Eocnmic Forum, les Nations Unies (/WHO) ou l'Union européenne.

Les journaux et les chaînes de télévision qui prônent la conspiration en sont même arrivés à la "règle de Bidens" : s'il dit "bleu", vous pouvez être presque sûr que ce sera "rouge". S'il prédit de la chaleur, sortez votre manteau d'hiver. S'il insiste sur le fait que quelque chose est "absurde" ou "conspirationniste", prenez-le très au sérieux car c'est très probablement la vérité. Et lorsque le NOS tente de vous effrayer à mort au sujet d'un virus respiratoire commun pour vous inciter à vous faire vacciner, vous pouvez pousser un soupir de soulagement car vous savez maintenant que la vérité est dans presque tous les cas l'exact opposé de ce que "l'écran" tente de vous faire croire.

En fait, nous avons à la tête du pays un dictateur très prévisible et "fiable", qui semble avoir copié ses méthodes psychologiques de manipulation de la population directement sur le livre "Rules for Radicals"

de Saul Alinksy. Il suffit donc d'inverser tout ce qu'il dit,
et vous ne pourrez guère vous tromper.

93

Le compte à rebours de 2022

Martin Armstrong, économiste de premier plan : "Il n'y aura JAMAIS de retour à la normale, et ce serait bien si nous avions jusqu'en 2024 avant que le chaos politique ne renverse le système financier" = "Quand vous montez les groupes les uns contre les autres, une civilisation s'effondre".

Nous avons écrit récemment que le verrouillage actuel de "Noël peste" n'a rien à voir avec la santé publique, mais avec l'effondrement imminent de la BCE. Le lockdown est uniquement destiné à " entraîner " psychologiquement les gens pour une période où les distributeurs automatiques de billets seront verrouillés, où leurs comptes bancaires ne seront plus accessibles et où ils seront obligés de rester chez eux. Une autre raison tout aussi importante est que les gouvernements veulent désigner la variante supposée (en tout cas inoffensive) du virus Omicron comme le "coupable" de la crise imminente, qu'ils veulent utiliser pour faire passer le super-État européen fédéral dont ils rêvent. Quoi qu'il en soit, 2022 sera l'année où l'UE devra rendre des comptes pour ses années de politiques financières et économiques ratées. La douleur que cette crise provoquera sera, bien sûr, une fois de plus répercutée sur les citoyens ordinaires.

Le grand économiste américain Martin Armstrong écrit qu'à l'aube de 2022, nous devons "envisager très sérieusement" la crise économique résultant de la crise de la dette souveraine en Europe. Cela fait dix ans que je préviens que la situation va devenir critique, et j'ai participé à des réunions avec de nombreuses banques centrales pendant cette période pour les avertir que les gouvernements ne peuvent pas continuer à emprunter de l'argent indéfiniment sans avoir l'intention de le rembourser.

Le prétexte de Covid-19 pour couvrir le défaut de paiement à venir

Le jour du Jugement dernier est arrivé", observe-t-il. Ils ont utilisé Covid-19 pour créer la panique, juste pour arriver au point où leur solution est un défaut de paiement (faillite) qui sera déguisé en sauvetage du peuple.

C'est donc la véritable raison pour laquelle l'un des piliers de l'économie, le secteur de l'hospitalité (et avec lui de nombreux secteurs connexes), est maintenant délibérément détruit à un rythme accéléré par le régime occidental avec un verrouillage complètement inutile. Notre économie DOIT d'abord être détruite pour permettre le coup d'État du WEF intitulé "Great Reset" (/ "Build Back Better"), dont Sigrid Kaag a été (/ est) présentée comme l'un des principaux exécutants.

Au début du mois, les Pays-Bas, Israël, les États-Unis et sept autres pays, ainsi que le FMI, la BRI et la Banque mondiale, se sont exercés à la cyberattaque (sous faux drapeau) du système financier annoncée par le WEF. Un éventuel black-out de plusieurs jours, voire de plusieurs semaines, dont la Russie pourrait être tenue pour responsable, servira de prétexte à une tentative de redémarrage entièrement numérique du système, dans lequel toutes les formes de propriété (y compris financière) et chaque parole, participation et liberté des citoyens et des entreprises seront supprimées à jamais et tomberont sous le contrôle total des banques centrales et des gouvernements.

Ce serait bien si nous avions jusqu'à 2024 au moins.

Je fais état du véritable état du système financier mondial, et pour la plupart des gens, cela peut être choquant", a poursuivi M. Armstrong. Il ne s'agit pas d'une simple hyperinflation, car cela implique qu'une monnaie survivra encore". En d'autres termes, la crise de la dette qui se déroule actuellement est si grave et insoluble que même la survie des monnaies elles-mêmes (comme l'euro en Europe et le dollar aux États-Unis) est en jeu. Cela signifie que notre prospérité actuelle va également prendre de très gros coups.

'La perspective réelle est totalement différente des affirmations des dirigeants qui racontent la même histoire depuis des décennies depuis l'effondrement de Bretton Woods. Les personnes au pouvoir inventent déjà des histoires de révolution armée si Trump ne gagne pas en 2024 **. Ce serait bien si nous avions tout ce temps, avant que le chaos politique ne fasse basculer le système financier."

(** Mais même son éventuel retour n'apportera pas de soulagement - bien au contraire. Après tout, Trump proclame le même récit mensonger sur le " vax " que la clique actuelle qui est censée être ses ennemis).

Lorsque vous opposez des groupes les uns aux autres, une civilisation s'effondre.

Il n'y aura JAMAIS de retour à la normale. Ces gens ont divisé le peuple sur la base de la race et de la politique (et aussi sur la base de l'ethnicité, de l'ascendance, de l'identité, de l'opinion et, depuis cette année, même du statut médical). La clé de la civilisation est que les gens s'unissent lorsque cela leur profite à TOUS. Si vous commencez à diviser les gens et à dresser un groupe contre un autre, une civilisation s'effondre.

Et dans une civilisation qui s'effondre, c'est exactement ce qui nous attend d'ici 2025 si les gens ordinaires ne disent pas très rapidement et massivement NON à cette "grande réinitialisation" communiste / Agenda-2030 et à tout ce qui va avec, dont une identification numérique par code QR couplée à un "abonnement" à des injections obligatoires de manipulation génétique afin de continuer à avoir accès à la société est de loin la chose la plus maléfique, nuisible et honteuse jamais imposée à tant de gens dans toute l'histoire.

97

L'Iran veut votre attention ?

Exercices militaires massifs en Iran sur une attaque et une opération terrestre israéliennes - Le chef de l'Agence iranienne de l'énergie atomique reconnaît que le pays travaille sur un arsenal nucléaire offensif

Par un "message de Noël" spécial, l'Iran a répondu aux récentes annonces ouvertes des hauts responsables militaires et politiques israéliens selon lesquelles une attaque contre les installations nucléaires de l'Iran devait avoir lieu quoi qu'il arrive. Une salve de missiles balistiques a été tirée depuis le sud de l'Iran, détruisant une réplique de la centrale nucléaire israélienne située près de Dimona, à quelque 1 700 kilomètres de là. Le "message de Noël" est clair : en cas d'attaque militaire, nous provoquerons une catastrophe nucléaire dans votre petit pays.

Après des semaines de nouveau lobbying auprès de la Maison Blanche et du Pentagone, le sommet de la politique et du renseignement israélien semble avoir pris un tournant. Des rapports suggèrent maintenant que les Américains envisagent de profiter de l'enlisement des négociations avec l'Iran pour donner à Israël le feu vert et le soutien militaire souhaité - et nécessaire - pour l'attaque des installations nucléaires iraniennes que Jérusalem souhaite depuis au moins 15 ans.

Catastrophe nucléaire en cas d'attaque totale du réacteur

Bien que les forces armées iraniennes ne fassent pas le poids face à Israël et aux États-Unis en termes matériels et qualitatifs, le régime chiite de Téhéran possède un atout majeur : il a utilisé les tactiques dilatoires utilisées pendant des années lors des négociations pour construire un énorme arsenal de missiles, qui sont désormais beaucoup plus précis que par le passé. Bien qu'Israël dispose du système de défense Dôme de fer, qui a fait ses preuves, celui-ci est conçu pour les projectiles à courte portée et, en cas d'attaque massive de centaines de missiles à la fois, il ne peut en intercepter qu'une petite partie.

Le système de défense antimissile David's Sling, entré en service en 2017, a été conçu pour arrêter les missiles balistiques, entre autres, mais il a à peine fait ses preuves dans la pratique. De plus, en raison de son coût élevé, Israël n'en aura pas déployé des centaines ou des milliers.

La menace iranienne de détruire la centrale nucléaire près de Dimona sera donc prise très au sérieux. Bien que la centrale soit renforcée pour résister à des impacts importants, le risque existe qu'une série d'impacts libère quand même des matières nucléaires, qui pourraient se répandre dans tout le pays en fonction de la direction des vents, ou se retrouver au-dessus de la Jordanie, de l'Égypte ou de l'Arabie saoudite.

Par un "message de Noël" spécial, l'Iran a répondu aux récentes annonces ouvertes des hauts responsables militaires et politiques israéliens selon lesquelles une attaque contre les installations nucléaires de l'Iran devait avoir lieu quoi qu'il arrive. Une salve de missiles balistiques a été tirée depuis le sud de l'Iran, détruisant une réplique de la centrale nucléaire israélienne située près de Dimona, à quelque 1 700 kilomètres de là. Le "message de Noël" est clair : en cas d'attaque militaire, nous provoquerons une catastrophe nucléaire dans votre petit pays.

Après des semaines de nouveau lobbying auprès de la Maison Blanche et du Pentagone, le sommet de la politique et du renseignement israélien semble avoir pris un tournant. Des rapports suggèrent maintenant que les Américains envisagent de profiter de l'enlisement des négociations avec l'Iran pour donner à Israël le feu vert et le soutien militaire souhaité - et nécessaire - pour l'attaque des installations nucléaires iraniennes que Jérusalem souhaite depuis au moins 15 ans.

Catastrophe nucléaire en cas d'attaque totale du réacteur

Bien que les forces armées iraniennes ne fassent pas le poids face à Israël et aux États-Unis en termes matériels et qualitatifs, le régime chiite de Téhéran possède un atout majeur : il a utilisé les tactiques dilatoires utilisées pendant des années lors des négociations pour construire un énorme arsenal de missiles, qui sont désormais beaucoup plus précis que par le passé. Bien qu'Israël dispose d'un système de défense performant, le Dôme de fer, conçu pour les projectiles à courte portée, ne peut en intercepter qu'une petite partie en cas d'attaque massive de centaines de missiles à la fois.

Le système de défense antimissile David's Sling, entré en service en 2017, a été conçu pour arrêter les missiles balistiques, entre autres, mais il a à peine fait ses preuves dans la pratique. De plus, en raison de son coût élevé, Israël n'en aura pas déployé des centaines ou des milliers.

La menace iranienne de détruire la centrale nucléaire près de Dimona sera donc prise très au sérieux. Bien que la centrale soit renforcée pour résister à des impacts importants, le risque existe qu'une série d'impacts libère quand même des matières nucléaires, qui pourraient se répandre dans tout le pays selon la direction du vent, ou se retrouver au-dessus de la Jordanie, de l'Égypte ou de l'Arabie saoudite.

L'Iran s'entraîne à l'attaque israélienne

La destruction de la réplique du réacteur nucléaire semble être le point culminant de plusieurs jours d'exercices massifs effectués par les Gardiens de la Révolution iranienne en vue d'une éventuelle attaque israélienne, y compris le débarquement de troupes terrestres. Au même moment, le journal d'État Kayhan a annoncé qu'en cas d'attaque, l'Iran augmenterait

immédiatement l'enrichissement de l'uranium à 90 %,
ce qui est suffisant pour fabriquer des armes nucléaires.

La "bombe iranienne" est exactement ce qu'Israël, les
États-Unis et leur allié l'Arabie saoudite veulent
empêcher. Le général McKenzie, chef du
commandement central américain, a averti fin
novembre que l'uranium iranien était désormais enrichi
à 60 % et que les mollahs de Téhéran étaient "très
proches cette fois" de la décision de fabriquer une
bombe nucléaire. Malgré cela, le pays n'a pas encore
montré une technologie permettant de fabriquer une
telle bombe suffisamment petite pour être montée sur
un missile.

Le chef de l'Agence iranienne de l'énergie atomique
reconnaît l'existence d'un programme d'armement
nucléaire

Pendant des années, on a prétendu que le programme
d'armes nucléaires de l'Iran était un canular, mais
l'enrichissement ouvertement reconnu de l'uranium à
60% - totalement inutile à des fins civiles - et la menace
de l'augmenter à 90%, est une preuve suffisante en soi.
Et que dire du récent aveu du chef de l'Agence
atomique iranienne, Fereydun Abbasi-Davani, selon
lequel le responsable du programme nucléaire, Mohsen
Fakrizadeh, qui a été assassiné l'année dernière (très
probablement par le Mossad), avait mis en place "un
système d'armes nucléaires à des fins offensives", qui
sera également construit sans lui.

Pourquoi les autres peuvent-ils avoir des armes nucléaires, mais pas nous ?

La position de l'Iran peut être résumée brièvement : pourquoi nos ennemis, l'Amérique (des milliers) et Israël (80 à 200 pièces), ainsi que le Pakistan voisin (110 pièces), sont-ils autorisés à avoir des armes nucléaires, et pas nous ? Objectivement, il n'y a pas grand-chose à redire, surtout si l'on considère que d'autres pays de la région possèdent également des armes nucléaires (Russie, Chine, Inde) ou y travaillent (Turquie, Arabie saoudite).

Serait-ce lié au fait que l'Iran est un grand producteur de pétrole/gaz qui refuse de se soumettre à l'alliance occidentale/arabe, mais qui est en fait un allié de la Russie et de la Chine ? Il faut d'ailleurs noter que Moscou et Pékin n'attendront probablement pas non plus la bombe iranienne, ce qui ferait du Moyen-Orient une région encore plus imprévisible et dangereuse qu'elle ne l'est déjà, notamment en raison de l'idéologie théologique plus ou moins apocalyptique prônée par les chefs religieux de Téhéran.

Pourtant, on peut se demander ce que changera exactement une éventuelle bombe nucléaire iranienne. Après tout, l'utilisation de cette bombe signifie un suicide absolument certain. Il semble donc que l'Iran, à l'instar de la Corée du Nord, souhaite disposer d'armes nucléaires avant tout à des fins de dissuasion.

La guerre semble être une question de temps maintenant que les Américains influents sont en faveur

Étant donné que les États-Unis vivent de conflits et de guerres (les Américains ont un budget de défense/sécurité plus élevé que tous les autres pays réunis) et que le tristement célèbre "Projet pour un nouveau siècle américain" a déjà identifié l'Iran comme l'une des cibles d'une série de guerres, il semble que ce projet de guerre contre l'Iran va se réaliser quoi qu'il arrive.

Certains (ex) politiciens américains influents, tels que l'ancien secrétaire à la défense Leon Panetta et le général David Petraeus (qui a dirigé les guerres d'Irak et d'Afghanistan et a également été directeur de la CIA), ainsi que l'ancien diplomate bien connu au Moyen-Orient Dennis Ross, appellent désormais ouvertement la Maison Blanche à entreprendre une action militaire. L'administration Biden, cependant, ne semble pas encore en être arrivée là.

Il faut d'ailleurs espérer que l'on n'en arrivera jamais là, d'autant plus qu'une telle guerre pourrait rapidement devenir incontrôlable et faire à nouveau un grand nombre de victimes civiles innocentes. Après avoir été entraînés dans toutes sortes de guerres sanglantes mais inutiles (Irak, Afghanistan, Libye, Syrie) par Washington (et Bruxelles) sous de faux prétextes, ce genre de destruction dite "préventive" devrait être définitivement terminé.

La moins mauvaise des options

En l'absence de la volonté et de la confiance nécessaires pour instaurer une paix réelle, la MAD - destruction mutuelle assurée - semble toujours être la moins mauvaise option à l'heure actuelle pour empêcher les pays de se battre et de s'entretuer à nouveau. C'est précisément le déséquilibre du MAD, comme le font actuellement les États-Unis et l'OTAN contre la Russie via l'Ukraine, qui rend un autre massacre inévitable à un moment donné.

De ce point de vue, quelques bombes nucléaires iraniennes pourraient peut-être avoir un effet dissuasif suffisant pour dissuader les Américains agressifs et leurs alliés de se lancer dans une nouvelle aventure militaire, que personne n'attend vraiment.

Dans le même temps, les principaux religieux chiites de Téhéran pourraient alors commencer à modérer leur ton contre Israël. Si vous aboyez et menacez pendant des années un adversaire qui a déjà dû mener plusieurs guerres existentielles au cours de sa courte existence, à un moment donné, vous provoquez une réaction. Une réaction qui, après une quinzaine d'années de propagande israélienne répétant que "l'Iran aura une bombe nucléaire dans quelques mois ou semaines", semble aujourd'hui très proche.

Le prochain crash était imminent ?

La "troisième guerre mondiale" financière a commencé : Les États-Unis vont augmenter leurs taux d'intérêt, l'Europe est "condamnée".

Hier, un verrouillage totalement stupide et diamétralement opposé a été déclaré du point de vue de la santé publique. Il s'agit du prochain coup porté par le régime occidental dans le cadre du démantèlement délibéré, étape par étape, de la société et de l'économie libres et prospères. Mais quel est le véritable motif, hormis la mise en œuvre du programme communiste "Great Reset" / "Build Back Better" du Forum économique mondial ? Il s'agit du crash financier imminent dont nous parlons depuis des années.

En effet, la BCE est en crise grave, et en plus mauvaise posture de toutes les banques centrales. Maintenant que les Américains ont déclenché une "troisième guerre mondiale" financière avec les hausses de taux d'intérêt annoncées, c'en sera fini de la zone euro et donc de l'UE à partir de 2022.

La BCE a supplié la Réserve fédérale américaine de ne pas augmenter les taux d'intérêt, écrit le grand économiste américain Martin Armstrong. La Banque d'Angleterre (BoE) est en bien meilleure forme que la BCE, "qui est au bord de l'effondrement". La BoE a été la première grande banque centrale à relever ses taux d'intérêt d'un plancher historique de 0,1 % à 0,25 % depuis le début de la pandémie de corona.

L'Europe est condamnée

La BCE affirme qu'elle va continuer à réduire progressivement ses achats d'obligations d'État, mais M. Armstrong estime que cela est discutable..... La BCE a de sérieux problèmes", car alors que la Fed a fixé une date de fin pour ses achats précédents, la BCE a continué à conserver et à acheter tout indéfiniment. L'Europe est tout simplement condamnée", poursuit Armstrong. Les verrouillages que le programme de la Grande Réinitialisation de Schwab prévoit font des revendications de croissance économique une très mauvaise plaisanterie".

La BCE traverse une crise grave. La BoE n'a pas suivi le cours de la BCE, elle n'est donc pas dans un état qui nécessite d'être en soins intensifs'. Son I.A. Socrates l'avait déjà prévu : de nouvelles hausses des taux d'intérêt sont prévues en 2022.

La BCE a déjà introduit des taux d'intérêt nuls/négatifs en 2014 pour maintenir l'euro à flot à tout prix (= au détriment des PME et des citoyens (retraites/pouvoir d'achat)). Par conséquent, la banque NE PEUT tout simplement PAS augmenter les taux d'intérêt sans provoquer un méga-crash économico-financier, qui anéantira des centaines de milliers d'entreprises et des millions d'emplois, et amènera la plupart des États de l'UE au bord de la faillite d'État (voire les poussera à la dépasser).

Le crash qui va tout effacer

Mais l'alternative que les planificateurs de Bruxelles et
de Francfort semblent avoir choisie, et qui, comme
d'habitude, est servilement suivie par La Haye,
provoquera un autre type de méga-crash qui ne sera
certainement pas moins douloureux, bien au contraire.
Les années de politique de taux d'intérêt nuls/négatifs
ont fait fuir pratiquement tous les investisseurs
étrangers, ont asséché les fonds de pension de l'Europe
occidentale (les plus riches de l'UE) et ont sapé la valeur
de l'euro et notre pouvoir d'achat.

Les hausses de taux d'intérêt provoqueront une fuite
encore plus rapide des capitaux vers les États-Unis et la
Grande-Bretagne. Le dernier brin de confiance dans
l'euro disparaîtra complètement, et la BCE ne pourra
compenser la dépréciation de tout par l'impression
illimitée de monnaie (numérique). Résultat : une
inflation vertigineuse et une profonde dépression avec
la disparition des services et des pénuries à grande
échelle de nourriture, d'énergie et de biens, entraînant
une pauvreté généralisée.

Une gaffe après l'autre

Qu'aurait-il fallu faire ? Premièrement, l'introduction de
l'euro était déjà une erreur capitale (2000/2002). Les
critiques qui ont mis en garde contre les graves
conséquences dans les années 1990 semblent avoir eu
raison sur toute la ligne.

Deuxièmement, la zone euro aurait dû être démantelée pendant la crise financière de 2008-2011, et/ou les monnaies nationales parallèles auraient dû être à nouveau autorisées. Au lieu de cela, le "whatever it takes" de Mario Draghi a été choisi pour "sauver" l'euro. En d'autres termes, il s'agit de retarder de quelques années l'inévitable disparition de l'euro, afin de maintenir les banques et les grands acteurs financiers à flot.

Défaut de paiement : Les citoyens et les PME seront dépouillés de tout

Le motif du blocage actuel est que la BCE/UE a toujours eu l'intention de dissimuler cet échec total par un "défaut" planifié qui effacerait toutes les dettes d'un seul coup. C'est pourquoi Klaus Schwab a courageusement annoncé "vous ne posséderez plus rien" : les gouvernements vont en fait effacer toute propriété privée, y compris financière (y compris les pensions). Vraiment TOUT sera confisqué par l'État (= les banques centrales). Toute forme de contrôle et de propriété sera retirée aux citoyens et aux entreprises.

Après cela, c'est "la pauvreté amère et la mort", comme l'a si bien décrit Sven Hulleman l'année dernière. Car avec un RBI (revenu de base universel) et une CBDC (monnaie numérique de la banque centrale), vous pourriez tout juste être en mesure de satisfaire vos besoins fondamentaux, et ce uniquement si vous avez accumulé suffisamment de points de crédit social pour conserver un code QR valide. L'épargne et les voyages gratuits ne sont de toute façon plus possibles.

Fin de la démocratie, élections manipulées

C'est la fin d'une époque", écrit également Armstrong. Tout le monde continue de parler de Covid, des vaccins, des vaxpas et des lockdowns, mais le véritable programme de Klaus Schwab est de mettre fin à la démocratie, ce qu'ils appellent le 'populisme' parce que nous sommes censés être trop stupides pour savoir ce qui est bon pour nous. Mais tout ce qui les intéresse, c'est de rester au pouvoir... Si un gestionnaire de fonds avait géré son entreprise comme les gouvernements, il aurait été jeté en prison pour plus de 20 ans."

Il prévient donc que les différentes élections de 2022, 2023 et 2024 (notamment en Australie, aux États-Unis (midterm), en France (président), en Italie et en Grande-Bretagne) seront manipulées (tout comme cela a très probablement été fait avec les élections aux États-Unis et dans divers pays de l'UE ces dernières années). Pour ces personnes et leur programme, les enjeux sont si élevés que les élections sont leurs plus grands risques", poursuit M. Armstrong. Ils doivent les contrôler pour atteindre leur objectif final".

Avec l'Emergency Act, la démocratie a déjà été définitivement abolie l'année dernière, il est donc inutile d'espérer un changement par cette voie. L'apparente "démission" de Biden, qui s'est ensuite révélée être une véritable dictature ne respectant ni les lois (fondamentales) ni les droits de l'homme, en est la preuve irréfutable.

2022 - 2025

En fonction des développements géopolitiques (Russie/Ukraine, Chine) et de la crise énergétique créée à dessein, le délai dans lequel le crash à venir aura lieu varie de quelques semaines à plusieurs années. Mais qu'il soit court ou long, il commencera en 2022 dans tous les cas. En 2025, nous ne reconnaîtrons plus notre pays et notre continent. Toute notre liberté et une grande partie de notre prospérité auront disparu, et si la mortalité due aux vaccins continue comme aujourd'hui, une partie substantielle de notre population aussi. Nous aurons, à dessein, été plongés dans la dictature totalitaire la plus dure et la plus inhumaine qui soit.

Selon le modèle d'intelligence artificielle d'Armstrong, l'effondrement final de l'Occident prendra jusqu'en 2032. Je pense personnellement que cela ne prendra pas autant de temps, mais personne ne peut voir dans le futur. Si une UE fédéralisée à la hâte parvient à achever la "grande réinitialisation" et à établir une dictature communiste à base de vaccins climatiques, les dernières années avant la fin de notre civilisation seront tout simplement horribles pour tout le monde. ("The Fourth Turning" et Deagel supposent une fin en 2025, ce qui me semble personnellement plus probable).

Reconnaissant ?

111

Les gens aiment lire quelque chose de positif, certains ont écrit, et je comprends ça. Je l'aimerais moi-même. Mais ce n'est pas le moment de se rassurer en disant "tralalala, on va gagner", pour ensuite s'affaler sur le canapé et commencer à attendre. Nous sommes en 1940, la guerre vient de commencer, et des masses de gens meurent. Après des années de préparation, de stigmatisation et d'exclusion, l'Holocauste est sur le point d'entrer en vigueur. La résistance est découragée, trahie, arrêtée et fusillée. Personne ne sait si l'occupation et la guerre prendront fin un jour. La "positivité" devient avant tout "passivité", à l'exception d'un très petit groupe de personnes qui, au péril de leur vie, deviennent actives.

Il y a des gens qui se disent "reconnaissants" de la crise de Corona et la considèrent même comme un "cadeau". Eh bien, si vous aviez tenu ce langage en 1940, peu après le début de la Seconde Guerre mondiale, le bombardement de Rotterdam et l'occupation de notre pays par les nazis, vous auriez probablement reçu une gifle. C'est honnêtement ce que je ressens lorsque j'entends quelqu'un - même bien intentionné - utiliser ce genre de termes. L'heure n'est pas à la gratitude ; l'heure est à la colère et au rassemblement du courage pour se dresser sans violence (parce qu'avec la violence, vous allez perdre) contre la tyrannie qui nous est maintenant imposée, avant qu'un nombre sans précédent de personnes ne soient directement ou indirectement assassinées par elle.

C'est la guerre (et elle est menée contre nous).

C'est la guerre. Je répète : c'est la guerre. Une secte mondialiste climato-vaccinale dirigée par les célèbres familles bancaires composées de Big Pharma, Big Tech et Big Finance (BlackRock et al.) par l'intermédiaire de l'OMS, du WEF, du FMI, des États-Unis, de l'OTAN, de l'UE et du Vatican, entre autres, a pris le contrôle total de la plupart des gouvernements et a déclaré la guerre à toutes les formes de liberté, d'indépendance, d'autodétermination et de prospérité et d'ambitions personnelles avec la destruction délibérée de notre économie de marché, de notre approvisionnement stable en énergie et en nourriture et de la santé publique.

Pire encore : par l'injection obligatoire de substances qui manipulent les gènes et altèrent le corps et le cerveau, et par la volonté d'empêcher et de supprimer de l'atmosphère l'élément vital de toute vie (le CO2, dont le niveau est encore dangereusement bas), c'est une déclaration de guerre à la survie de toute civilisation humaine. On en viendrait presque à penser qu'il y a derrière tout cela une puissance non humaine - et peut-être même surnaturelle - qui déteste suffisamment l'humanité pour vouloir exterminer la plupart d'entre nous, mais sans détruire la planète elle-même dans le processus.

Mais non, ça n'existe pas, n'est-ce pas ? C'est juste quelque chose pour les "théoriciens de la conspiration", certains croyants et les films de sf/fantasy.....

113

Ajout 9:55 pm :

Certains lecteurs ont demandé, à juste titre, une explication plus claire du lien entre le lockdown et la crise BCE/banque. Voici quelques paragraphes trop appropriés de notre article du 23 octobre 2020, qui s'appliquent aussi parfaitement à l'actuel "hard lockdown" : "Curfew pure absurdité, est censé préparer les gens à la crise bancaire lockdown".

Outre le fait que le seul "virus" véritablement dangereux, celui de la peur et de la panique, semble avoir gravement endommagé l'intellect et la capacité de raisonnement logique de toutes les couches de la population, il peut y avoir une autre explication logique à ce couvre-feu. Par exemple, il s'agit - en plus des 1,5 mètres et de l'obligation de porter un couvre-bouche - d'un parfait outil de "contrôle des foules", et aussi d'un test pour voir jusqu'où on peut réprimer le peuple avec des mesures insensées et totalement illogiques avant que les gens ne se révoltent en masse.

Dès qu'un couvre-feu total est accepté, il peut être progressivement prolongé (par exemple de 23 heures à 21 heures, ou même plus tôt). Si la population accepte cela, et une fois qu'elle s'y est habituée, le seuil pour un couvre-feu total "temporaire" sera beaucoup plus bas, et le gouvernement peut supposer que la résistance sera très limitée - si jamais on en arrive là dans les Pays-Bas encore très dociles.

Un tel couvre-feu sera particulièrement utile l'année prochaine, lorsque la crise bancaire, jusqu'à présent silencieuse, mais déjà éclatante, se déclenchera vraiment. Avec un couvre-feu, une ruée sur les banques et les distributeurs automatiques de billets est rendue impossible à l'avance. Nous écrivons depuis des années que cette nouvelle crise est imminente et qu'elle sera très probablement mise à profit pour numériser entièrement le trafic des paiements.

... Déjà le 22 mars, dans l'article "L'UE décide très prochainement de mettre en place un jour férié et une interdiction permanente de l'argent liquide", nous nous demandions si la crise coronaire n'était pas un prétexte pour sauver à nouveau les banques et faire passer l'union bancaire européenne prévue de longue date. Une telle union bancaire est une nécessité absolue pour que l'UE prenne le pouvoir, et soumette tous les Etats membres à une dictature fédérale.

Le vrai programme ?

Une "justice poétique" ? Les gouvernements et les administrations qui trahissent actuellement leurs propres peuples seront eux-mêmes trahis par le sommet de l'élite mondialiste - Flashback sur le jeu de cartes des Illuminati dont nous avons longuement discuté en 2009, et sur lequel la "revanche du peuple" a été prédite.

Un milliardaire néo-zélandais aurait divulgué à un prestataire de services le "vrai plan" de la planémie Covid et des lockdowns : selon le concept "Ordo ab Chao" (l'ordre issu du chaos), tous les peuples sont dressés contre leurs propres gouvernements, parlements et administrations, pour les faire déposer et nettoyer par la force brute. L'intention serait précisément d'amener les personnes vaccinées et non vaccinées à s'unir en raison de la trahison de leurs administrateurs et représentants, et des énormes dégâts qu'ils ont causés. Une fois les gouvernements déposés, un vide de pouvoir s'ensuivra, dans lequel un nouveau gouvernement mondial sautera comme le "grand sauveur". Authentique ou non, ce plan supposé me rappelle immédiatement le "jeu de cartes des Illuminati" dont nous avons longuement parlé il y a plus de 12 ans.

En ce qui concerne le récit sur les vaccins, le vent tourne", nous aurait dit le milliardaire. On m'a dit qu'avec le temps, le vaccin allait augmenter les infections et les décès. Des milliards de personnes mourront, les gens deviendront furieux et brûleront leurs gouvernements. Leurs dirigeants, scientifiques et médias seront pourchassés et pendus dans les rues. Les deux camps vont brûler leurs gouvernements. Les pro-vaxxers, totalement trahis et mourants, seront en colère. Tout comme les non-vaxxers, pour ce que leur gouvernement a laissé se produire.

Ceux qui font maintenant la promotion des "vaccins" en prendront le contrecoup. C'est pourquoi ce sont des articles jetables. Biden est presque mort, Boris Johnson et Macron sont des pigeons... Le temps pendant lequel les vaccins à ARNm feront des dégâts est de 2 à 3 ans. La mesure dans laquelle les injections d'ARNm ont été prises a dépassé leurs attentes les plus folles".

En raison de l'anarchie qui aura alors éclaté, un nouveau gouvernement mondial (maçonnique (=Illuminati)) commencera à rétablir l'ordre afin d'être introduit comme "le grand sauveur" ("Ordo ab chao").

Il y a des spéculations selon lesquelles certains anti-vaxx appartiennent à ce groupe maçonnique, mais il n'y a encore aucune preuve de cela. Le fait que Twitter autorise désormais les vidéos et les messages mettant en scène des victimes de la vaccination fait partie du "véritable plan".

Un célèbre activiste britannique anti-vax arrêté après avoir appelé au meurtre de politiciens

Piers Corbyn, 74 ans, militant britannique anti-vax, a été arrêté hier à Londres après avoir appelé sur les médias sociaux à brûler les bâtiments et les bureaux des parlementaires. Nous devons devenir un peu plus physiques", a déclaré Corbyn dans l'une de ses vidéos. Cela signifie que nous devons déposer ces vaccinateurs et parlementaires menteurs. (Mais) nous devons soutenir et accueillir tous ceux qui se sont rebellés ou ont voté contre Boris, comme les Tories qui ont voté contre les mesures".

Nous devons battre à mort ces ordures qui ont décidé d'introduire ce nouveau fascisme. Faites-en la liste... et si votre parlementaire est l'un d'entre eux, eh bien, je vous recommande de le brûler vif, d'accord ? Mais je ne peux pas le dire ouvertement, j'espère que nous ne sommes pas "à l'antenne".

Sadiq Khan, le maire de Londres, a qualifié l'appel à la violence de Corbyn de "dégoûtant et dangereux". La ministre de l'intérieur, Priti Patel, a qualifié les vidéos de "nauséabondes" et a appelé à la plus grande fermeté à l'encontre de l'activiste, qui, samedi dernier, a participé à une manifestation de (dizaines de) milliers de personnes protestant contre un énième blocage (des plans).

La pandémie du plan Corona est conçue par le gouvernement mondial en coulisses

Le "vrai plan", provenant de ce milliardaire anonyme de Nouvelle-Zélande, aurait été divulgué sur Reddit début novembre.

Le milliardaire à la langue bien pendue a déclaré que si la personne à qui il avait raconté cette histoire l'avait partagée, ils ne se seraient jamais rencontrés. En même temps, il en a ri parce que personne ne le croirait de toute façon.

Dans les coulisses, un gouvernement mondial de facto fonctionne depuis des années. Il est composé des "esprits les plus brillants" de la planète et la plupart de ses membres y adhèrent volontairement. Ceux qui refusaient étaient "traités". En bref, le plan consiste à monter les gouvernements et leurs populations les uns contre les autres. Pour ce faire, il fallait d'abord créer un chaos et une panique à l'échelle mondiale. C'est dans ce but que la pandémie de Corona / Covid a été conçue.

Parce que le plan avait été si méticuleusement préparé depuis si longtemps, des milliards de "vaccins" pouvaient être disponibles en un rien de temps pour un virus prétendument nouvellement découvert (la production d'autant de vaccins prend normalement de nombreuses années). Ces injections auraient dû être présentées comme la seule issue dès le début de la p(l)andémie (exactement ce que le régime nous a littéralement dit au début des années 2020).

Pour maximiser la douleur, il a été décidé qu'à terme tous les enfants devraient également être injectés (et donc endommagés ou tués).

Les politiciens et décideurs actuels sont de la "chair à canon".

La "révélation" la plus intéressante est que la plupart des gouvernements, des scientifiques et des médias croient en fait qu'ils ont affaire à un traitement "sûr" et "efficace" contre une infection virale. Même Anthony Fauci ne ferait pas partie de la conspiration, mais serait, comme les autres, une simple "chair à canon" qui sera livrée à la foule en colère à un moment donné.

Ce n'est même pas un raisonnement étrange, car les personnes occupant des postes de direction qui mentent maintenant de manière flagrante et sont prêtes à trahir et à abandonner leur propre peuple se révèlent ainsi extrêmement indignes de confiance et corrompues pour tout le monde - y compris l'élite qui les dirige.

Les "vaccins" Covid ont été formulés de telle sorte qu'il faudra entre 2 et 3 ans pour que la plupart des blessures et des décès surviennent (c'est-à-dire entre fin 2022 et 2024). Le nombre de victimes se chiffrera en milliards. L'humanité sera décimée, mais pas avant que les survivants enragés aient massacré tous les responsables politiques, scientifiques et médiatiques, aurait expliqué le milliardaire.

Bien qu'il s'agirait certainement d'une forme de "justice poétique" si les mondialistes, les dirigeants politiques, les représentants du peuple, les scientifiques et les responsables des médias qui mentent actuellement au peuple et le trahissent étaient eux-mêmes trahis, la violence brute qui serait "planifiée" n'est pas quelque chose que nous devrions attendre avec impatience. Après tout, un soulèvement/une révolution violente fait historiquement de nombreuses victimes innocentes. On pourrait rétorquer que le nombre d'innocents sacrifiés maintenant et dans les années à venir pour ce programme de "grande réinitialisation" (climat-vaccination/blocage) menace de devenir gigantesque, et qu'un retour de bâton sera inévitable.

Jeu de cartes des Illuminati

En 2009, nous avons accordé une grande attention, dans plusieurs articles, au "jeu de cartes des Illuminati" de 1995, qui aurait décrit de nombreux événements mondiaux planifiés. Nombre de ces événements semblent s'être réalisés, en tout ou en partie, à la fin de l'année 2021, comme les attentats du 11 septembre 2001 contre les tours jumelles (bien qu'il ne s'agisse pas d'une "bombe nucléaire" au sens propre) et le Pentagone, dont il est incontesté depuis des années qu'il s'agissait d'une opération sous faux drapeau destinée à justifier la "guerre contre le terrorisme".

Le Super Plan : les gens gagnent vraiment".

Le commentateur analyste "G" répond que, bien qu'il s'agisse du "plan", les nations devraient se concentrer sur le "super plan, si les peuples du monde se battent et gagnent réellement. Une fois qu'ils auront acquis du courage et une volonté d'acier, et qu'ils utiliseront toutes les armes possibles qu'ils pourront trouver pour aider cette bête à en finir".

Le nouveau monde qui sera alors construit sera fondé sur des principes de véritable liberté et d'autodétermination maximale pour chaque individu, chaque peuple et chaque nation.

Il n'y aura plus de syndicats, d'organisations mondiales, de forums et d'"united...." centralisés, plus de méga-banques, plus de multinationales, mais uniquement des accords décentralisés fondés sur la coopération volontaire et le respect des frontières et des cultures de chacun.

En bref : l'exact opposé de la "Grande Réinitialisation" et de l'"Agenda 2030", qui placent le monde entier sous un contrôle communiste technocratique totalitaire, dans lequel toute forme de liberté, d'individualité et de participation sera définitivement supprimée pour tous ceux qui survivront à ces crises, et où tout pouvoir réel sera centralisé.

On peut supposer qu'il sera décidé dès les prochaines années à quoi ressemblera notre avenir : sera-t-il cette dictature climatique-vaccinale étrangleuse, le régime le plus dur et le plus inhumain que cette planète ait jamais connu, menaçant des milliards de victimes ? Ou bien l'humanité sera-t-elle enfin unie contre ce monstre de mensonges, cette bête de haine et de destruction, et son petit club de représentants humains qui, au cours des siècles passés, se sont emparés de tous les pouvoirs politiques, financiers-économiques et militaires.

Les gens n'ont qu'une chose à faire pour revenir à la normale : éteindre leurs écrans en masse et reprendre leur vie sans restrictions - Pierre Capel, expert en immunologie : Omicron pourrait être le salut de l'humanité (et est donc un désastre pour les gouvernements)

Le British Medical Journal (BMJ) est depuis longtemps l'une des revues médicales qui font le plus autorité. Toutes les informations sont soigneusement passées au crible, ne laissant absolument aucune place aux "théories du complot" vérifiables et non fondées. Le BMJ a publié la semaine dernière un article dans lequel des scientifiques - dont le rédacteur en chef - concluent en fait que la "pandémie" de Covid n'existe qu'à la télévision et sur le tableau de bord corona, car les chiffres et les statistiques soulignent sans cesse qu'il n'y a rien d'extrême, surtout avec la variante Omicron.

Pour revenir à la normale, les gens n'ont qu'une chose à faire : éteindre leurs écrans (et donc, dans notre pays, arrêter définitivement de regarder les médias grand public, et certainement le tristement célèbre "Mark & Hugo Propaganda-Hypnosis Show").

Les tableaux de bord de la pandémie et de l'épidémie de corona "alimentent sans cesse les nouvelles, faisant de la pandémie de Covid-19 un sujet d'actualité permanent, même lorsque la menace est faible", écrivent Peter Yoshi, rédacteur en chef du BMJ, et David

Robertson, candidat au doctorat (histoire) à l'Université
de Princeton, dans "La fin de la pandémie ne sera pas
télévisée". Ainsi, ils pourraient prolonger la pandémie
en empêchant tout sentiment de clôture ou de retour à
la vie d'avant la pandémie".

**Pandémie de tromperie, de manipulation et de peur
de la mort**

Une analyse du siècle dernier a montré que les
pandémies précédentes, y compris la tristement célèbre
grippe espagnole, ont progressivement disparu de la
société une fois que les gens "ont cessé de se laisser
préoccuper en permanence par les chiffres du choc
endémique". Au cours des décennies qui ont suivi, les
gens ont continué à vivre normalement, même en cas
de nouvelles épidémies de grippe avec des taux de
mortalité proportionnellement élevés.

Bien que des représentations d'épidémies aient été
faites depuis des siècles, Covid-19 est la première à
comporter des tableaux de bord en temps réel, qui ont
imprégné et structuré l'expérience du public", poursuit
le BMJ. Les termes "induit en erreur" et "manipulé
jusqu'à la mort" me semblent personnellement
beaucoup plus appropriés, car les tableaux de bord sont
axés sur de prétendues "infections" basées sur le test
PCR, totalement inadapté et démystifié à cette fin.

Ce qui se passe maintenant avec Omicron - une
mutation plus contagieuse, mais très faible et même
bienvenue, qui ne peut que donner un rhume aux gens

125

et fournir une immunité de groupe en quelques semaines - souligne donc que même les nouvelles fermetures, la distanciation sociale et le devoir de porter un protège-dents n'ont rien à voir avec la santé publique.

Stupéfaction face à la réaction excessive de l'Europe

À l'écran, Omicron semble être une menace majeure, mais en réalité (au 13 décembre), il n'y a eu qu'un seul décès dans le monde attribué à cette nouvelle variante, et 99,99 % des gens n'en retirent qu'un léger rhume - s'ils en retirent quelque chose. (En principe, cette variante pourrait également être une fabrication numérique, puisque les rhumes et les symptômes de la grippe sont normaux en hiver).

Le médecin sud-africain qui a été le premier à informer l'OMS de la variante Omicron a déclaré aux médias occidentaux qu'il était "stupéfait" par la réaction excessive de la Grande-Bretagne et de l'Europe. Fermetures à Noël, restrictions de voyage, protège-dents, amendes et quarantaines - pour un simple rhume ? Pourtant, l'OMS sème une fois de plus la peur avec, et ce parce que la mise en œuvre de la " grande réinitialisation " communiste - le coup de force climatovaccination de l'Agenda 2030 ne doit pas être mis en péril.

Omicron : désastre ou sauvetage ?

Le professeur (em) d'immunologie expérimentale Pierre Capel considère donc qu'Omicron est à la fois "un salut et un désastre. Il peut être un salut pour l'humanité, mais c'est alors un désastre pour les gouvernements. Ou c'est un salut pour les gouvernements, mais un désastre pour l'humanité... Nous allons à nouveau nous enfermer - Noël doit s'effondrer, mais nous le savions depuis le début".

Capel révèle ensuite que le pic de la variante Omicron est très différent de celui des variantes Alpha et Delta, et qu'il est beaucoup plus contagieux. Cela a d'énormes implications. Devons-nous en avoir peur ou nous en réjouir ? Quoi qu'il en soit, les statistiques montrent que "les confinements, les mètres et demi ('nous n'allons même pas parler de cette absurdité') et le lavage des mains n'ont aucune importance. Omicron suivra son chemin". Mais il s'avère que la mortalité reste très faible. Il s'avère que la maladie est considérablement moins grave.

Les blessures épineuses ne sont d'aucune utilité.

En Afrique, Omicron a supplanté Delta en quelques semaines, et la variante semble également se répandre à la vitesse de l'éclair en Europe. Mais il a une préférence pour les voies respiratoires supérieures, les bronches.

On a donc une bronchite plutôt qu'une pneumonie, car dans les parties inférieures des poumons, ce n'est pas très confortable. Donc la gravité, en ce qui concerne la localisation, n'est pas si mauvaise, parce que les voies respiratoires supérieures sont beaucoup moins vulnérables que ces alvéoles délicates. Mais à part cela, c'est tout simplement moins pathogène".

En raison de ces mutations, la ponction n'a aucun sens", poursuit Capel. Nous le savions depuis le début : contre un virus respiratoire à ARN qui mute rapidement, on ne peut pas faire de vaccins. Même un membre de l'OMT a publié un article à ce sujet en 2008, indiquant que c'était bien le cas et qu'il ne fallait même pas commencer.

À cause de cette piqûre, qui n'offre aucune protection, les gens sont devenus de grands propagateurs. Mais comme les symptômes d'Omicron sont si légers, ils n'ont aucune idée qu'ils infectent... En d'autres termes : en un rien de temps, Omicron se répand aux Pays-Bas. Alors vous faites un verrouillage - non pas que ça aide, mais vous pouvez gâcher Noël. Avec le code QR vient la reconnaissance faciale et vos coordonnées bancaires, et ensuite ils sortent là où ils veulent aller."

Sauver l'humanité n'est pas un virus pathogène".

Alors, désastre ou salut ? Si vous regardez la santé publique, en quelques semaines nous avons l'immunité de la population. Par une telle infection, vous n'obtenez pas seulement une défense contre le pic, mais contre l'ensemble du virus... alors qu'avec cette stupide piqûre, vous ne donnez que le seul pic - qui, avec tous ses

terribles effets secondaires, est très toxique -, qui ne
fonctionne pas car il s'échappe souvent par mutation.

Et ce qui fonctionne fait (des personnes vaccinées) des
super-diffuseurs. En d'autres termes : grande fête !

Le salut pour l'humanité, c'est que nous disposons très
rapidement d'un virus à peine pathogène, qui vous
immunise vraiment pour le reste de votre vie". Si une
autre variante se présente la semaine prochaine, votre
immunité (naturelle) l'attaquera en 48 points
(protéines) (contrairement au "vaccin", qui ne le fait
qu'en un seul point). L'immunité des cellules T n'a pas
été étudiée, mais il ne faut pas non plus la sous-estimer.

Mais c'est un "désastre" si nous laissons faire et
utilisons l'Ivermectin, et que presque personne ne
tombe malade. Parce qu'alors les plans du
gouvernement ne se réalisent pas, et c'est un désastre
pour eux. Mais nous, dans notre énorme sagesse, nous
leur donnons tout le pouvoir. Nous laissons donc la peur
régner à nouveau. Et juste une petite prédiction :
maintenant, vous recevez toujours un certificat de
récupération lorsque vous avez récupéré, mais avec
cette variante, tout le monde l'obtient. Alors la peur et
l'emprise disparaissent à nouveau, donc je pense que le
certificat de récupération sera supprimé très
rapidement et que le code QR ne s'appliquera qu'à la
piqûre."

Alors, mes chers amis, n'ayez pas si peur d'Omicron, et
assurez-vous de pouvoir mettre la main sur l'Ivermectin

(qui est strictement réprimée par le régime occidental, les médecins généralistes peuvent recevoir d'énormes amendes et les douanes confisquent les colis "suspects", etc.)), ainsi que du zinc et de l'hydroxychloroquine, car cela n'a rien à voir avec les mutations. Sinon, profitez de la vie, et portez-vous bien".

Novavax

Le nouveau vaccin Covid-19 de Novavax est présenté comme plus traditionnel et donc moins dangereux que les quatre grandes injections existantes, mais est-ce vraiment le cas ? Son concurrent GSK prétend avoir mis au point le tout premier vaccin "à base de plantes". Comment cela fonctionne-t-il, et ce nouveau produit va-t-il également sauter les années normales de tests, afin d'utiliser des personnes "vivantes" comme cobayes ? Pierre Capel, expert en immunologie, s'exprime sur Novavax dans sa dernière vidéo, mais sa conclusion est claire : "Omicron est le vrai bon vaccin".

L'immunité de la population créée par une infection massive avec cette variante à peine pathogène est LA solution, selon lui.

Le Novavax ne transforme pas le corps en usine de fabrication de pointes.

Le Novavax est un vaccin dit recombinant, comme l'a expliqué Capel dans une vidéo de Bitchute il y a trois jours. Cela signifie que l'information génétique de la protéine (toxique) du pic n'est pas introduite dans votre corps, mais dans un virus (baculo). Celui-ci est cultivé en laboratoire sur certaines cellules (d'insectes) (papillons de nuit - X.). Ces cellules produisent le spike. Grande différence entre le Novavax et les autres vaccins utilisés actuellement : ce n'est pas vous qui fabriquez le pic, mais le pic est déjà fabriqué et est administré avec un adjuvant. Cela devient donc un type de vaccin assez classique".

Mais quel est le spike créé par cette culture cellulaire ? C'est le spike Wuhan-Hu-1, avec un total de 6 mutations pour le protéger de la dégradation dans le corps et pour qu'il se lie bien aux récepteurs ACE2. Lorsque vous commencez à le fabriquer dans votre corps, le récepteur de l'ECA2 est lié et bloqué partout, et beaucoup de choses vont terriblement mal (comme on peut le voir avec les plans de Pfizer, Moderna, Janssen). Dans le cas de Novavax, il est mélangé à l'adjuvant Matrix-M.' Il s'agit de nanoparticules composées de cholestérol, de phospholipides et de saponines de Quillaja (substances savonneuses), où le pic est branché.

Le verrouillage n'empêche RIEN, surtout pas Omicron.

Il s'agit d'une forme standard d'adjuvant dans un vaccin", poursuit Capel. Cependant, l'ancien virus Wuhan a muté quelque 20 000 fois. La variante Omicron diffère donc radicalement de ce virus original de Wuhan. Le côté liaison est complètement modifié, ce qui le rend beaucoup plus contagieux (70 fois plus rapide que le Delta), mais aussi beaucoup moins pathogène.

En effet, Omicron s'installe dans les voies aériennes supérieures (bronches), et non dans les alvéoles vulnérables des poumons. L'infection dans les poumons est, selon les mesures officielles, même 10 fois plus faible que dans la variante Delta. En expirant, Omicron emporte avec lui une couche de mucus, ce qui le rend très stable et capable de rester très longtemps dans l'air. Un confinement n'a absolument rien à voir avec cela et n'empêche RIEN", souligne l'expert en immunologie. (En bref, le confinement de Noël n'est rien d'autre que de la pure intimidation, et de la plus néfaste des façons).

Omicron est le très bon vaccin ; le Novavax est à peine efficace contre lui.

Le Novavax n'a donc aucun de ces effets secondaires horribles, parce qu'il agit à l'extérieur du corps et non à l'intérieur", résume M. Capel. Il contient des adjuvants assez classiques, et c'est ce qui est nécessaire. Il génère également l'immunité des cellules T et des anticorps dans les bonnes proportions. Ce n'est pas parce qu'il s'agit d'un pic âgé qu'il a un effet neutralisant très faible sur Omicron... Si ça n'aide pas, ça ne fait pas de mal ; ça peut avoir un petit effet, mais pas un effet fou'.

Omicron se répand comme un fou, et nous pouvons en être très heureux car il est beaucoup moins pathogène. Mais Omicron est le très bon vaccin. Ainsi, vous obtenez une bonne immunité (populaire)... Réalisez que l'immunité naturelle contre le Covid est largement suffisante et que le vaccin est fondamentalement inutile, et que si vous êtes très malade, il y a juste les médicaments (notamment l'Ivermectine interdite/supprimée). Toutes les conneries (du gouvernement) qui sont maintenant proposées de façon si idiote, on en parlera une autre fois.

J'espère que ces informations vous permettront d'avoir l'esprit tranquille", conclut-il . Cette tranquillité d'esprit s'applique peut-être un peu moins aux vaxxers, car un rapport officiel du gouvernement danois (du Statens Serum Institut) montre que 91% des "infections" par Omicron surviennent chez des personnes vaccinées. Bien qu'Omicron soit inoffensif, il démontre une fois de plus la dure réalité que les injections de Covid non seulement n'offrent aucune protection, mais en plus affaiblissent et endommagent le système immunitaire, comme l'ont établi de nombreuses études antérieures et comme l'a récemment confirmé l'Agence de sécurité sanitaire britannique.

Le Novavax est moins inoffensif qu'on ne le pensait

Le 1er avril 2021, le Dr Gregory Glenn, président de Novavax R&D, a expliqué à CNN qu'un virus intact n'avait jamais été utilisé dans le développement de leur vaccin, mais seulement des informations génétiques publiées sur Internet. Nous n'avons jamais touché le coronavirus lui-même. Et pourquoi pas ? Parce qu'ils n'avaient pas le (prétendu) virus lui-même. En d'autres termes, vous développez un vaccin contre quelque chose que vous ne possédez même pas vous-même, mais qui n'existe que sur le papier (dans ce cas, l'écran). Alors comment savoir s'il fonctionne contre quoi que ce soit ?

Les bioscientifiques se demandent également quel est le degré de pureté du Novavax, combien de protéines et de particules cellulaires provenant des cellules de la mite restent dans le vaccin, et ce qu'elles peuvent faire dans le corps humain. Et comme la protéine de l'épi injectée a été modifiée à plusieurs endroits pour la protéger de la dégradation, elle reste donc en circulation dans notre corps (beaucoup) plus longtemps. En ce qui concerne les autres injections, nous savons maintenant quels dégâts énormes ont été causés à des millions de personnes.

(Par exemple, regardez ce graphique officiel : les injections de Covid ont tué plus de personnes en moins d'un an que tous les autres vaccins existants réunis en 30 ans. Présenter cela comme "sûr" n'est donc rien de moins que criminel :)

En outre, les adjuvants utilisés ne sont certainement pas si inoffensifs que cela. L'expérience d'autres vaccins montre que de nombreuses personnes ne semblent pas bien tolérer les savons et les phospholipides utilisés sur le plan immunologique. Ce qui est peut-être encore plus dangereux, c'est le fait démontré que les nanoparticules se répandent dans tout le corps en quelques minutes, comme Capel l'a également décrit dans sa précédente vidéo. Cela signifie que ces nanoparticules peuvent pénétrer dans des organes cruciaux, le cœur et le cerveau, avec des pics de toxicité.

En résumé : le vaccin Novavax semble effectivement moins nocif, mais il n'est certainement pas nécessairement inoffensif. Si l'on considère ensuite qu'il est en fait inutile contre les variantes actuelles, et que l'immunité naturelle est de toute façon bien meilleure, plus forte et plus durable, alors ce vaccin est aussi totalement superflu.

Développement du premier vaccin à base de plantes

En fait, on peut dire la même chose à l'avance du tout premier vaccin "végétal" au monde, mis au point par GSK/Medicago . Les antigènes (particules de type viral) de ce vaccin non encore approuvé, provisoirement appelé CoVLP, ont été cultivés dans des plantes génétiquement modifiées (comme la pomme de terre et le maïs).

Selon Medicago, qui travaille sur cette technologie depuis 20 ans, l'avantage est que, si les particules de type viral sont reconnues par le système immunitaire et déclenchent une réponse, elles ne contiennent pas de noyau de matériel génétique, ne sont pas infectieuses et ne peuvent pas se répliquer.

Bien que les essais cliniques menés auprès de quelque 24 000 adultes dans six pays, qui auraient montré une efficacité de 71 %, soient terminés, il faut normalement de nombreuses années pour déterminer si un nouveau type de vaccin est suffisamment "sûr" pour être injecté à la population à grande échelle. Le risque "presque négligeable", selon l'OMS, que le vaccin soit contaminé par un virus végétal pouvant nuire à la santé signifie que ce risque existe bel et bien.

De plus, là encore, nous avons affaire à un médicament basé sur des cellules génétiquement modifiées, et à des adjuvants qui pénètrent dans le corps humain. Et encore une fois, nous parlons d'une "protection" supposée contre un virus respiratoire qui n'est statistiquement pas plus dangereux qu'une grippe bénigne et qui mute à la vitesse de l'éclair, et il est donc scientifiquement impossible de développer un vaccin efficace contre lui (sans compter que le président de la R&D de Novavax a reconnu ne même pas avoir ce virus entre les mains).